C++와
CUDA C로 구현하는
딥러닝 알고리즘 Vol.3

C++와 CUDA C로 구현하는
딥러닝 알고리즘 Vol.3

Deep Convolution Neural Nets의 이해와 구현

티모시 마스터즈 지음 | 이승현 옮김

i!i
에이콘

이 책을 시작하기에 앞서

이 책에 관련된 소스 코드를 포함해 모든 내용이 최대한 올바르게 수록될 수 있도록 많은 노력을 들였다. 하지만 오타나 일부분이 생략되는 실수를 범했을 수도 있다. 실제로 그랬을 가능성이 매우 높다. 이 책이나 이 책에서 다루는 소스 코드는 전문적인 연구 자료로 제공하기 위해 제작한 것은 아니다. 이 책과 관련된 모든 내용과 코드에 오류가 없다고 보장할 수는 없으며, 이러한 자료를 사용하는 것과 연관된 모든 손실에 대한 법적 책임은 독자에게 있음을 명시한다. 이 책에서 설명하는 알고리즘과 프로그램에 구현된 기법은 실험적인 것이며, 외부 전문가를 통한 검증을 받거나 엄격하게 테스트되지 않았다. 이 자료들은 있는 그대로 다뤄주길 바란다.

지은이 소개

티모시 마스터즈 Timothy Masters

수리 통계학 분야에서 수치 계산numerical computing 전공으로 박사 학위를 받았다. 그 이후 독립적인 컨설턴트로서 정부와 산업 기관에서 지속적인 경력을 쌓았다. 초기 연구 분야는 고고도high-altitude 촬영 사진에서의 자동 특징feature 추출과 관련된 것들이며, 홍수와 가뭄 예측, 숨겨진 미사일 저장탑 탐지, 위협적인 군사용 차량 확인 등의 다양한 애플리케이션을 개발했다. 그후에는 침생검needle biopsies 상에서 유익한 세포와 유해한 세포를 구별해내는 알고리즘 개발을 위해 의료 연구원으로 근무했다. 이후 20년 동안은 주로 자동화된 경제 마켓 트레이딩 시스템을 평가하기 위한 알고리즘을 개발했다. 지금까지 예측 모델을 실무에 적용하는 방법에 대한 주제로, 『Practical Neural NetworkRecipes in C++』(Academic Press, 1993), 『Signal and Image Processing with Neural Networks』(Wiley, 1994), 『Advanced Algorithms for Neural Networks』(Wiley, 1995), 『Neural, Novel, and Hybrid Algorithms for Time Series Prediction』(Wiley, 1995), 『Assessing and Improving Prediction and Classification』(CreateSpace, 2013) 등을 저술했다. 이 책에서 활용하는 코드는 그의 홈페이지에서 다운로드할 수 있다.

옮긴이 소개

이승현(dedoogong@gmail.com)

한국 항공대학교 기계공학부를 졸업하고 삼성 소프트웨어 멤버십과 산업통상 자원부 소프트웨어 마에스트로를 수료한 뒤, 한양대학교 컴퓨터공학과에서 석 사과정을 마쳤다. MDS 테크놀로지에서 자동차 ISO 26262 국제 안전 표준과 AUTOSAR 관련 기술 지원을 담당했으며, 시어스랩에서 모바일 환경에서의 얼굴 랜드마크 검출 DCNN 구동을 위한 압축 알고리즘 연구를 했다. 현재 KT 융합기술 원에서 딥러닝 기반의 무인 상품 인식과 얼굴/몸 keypoint 검출을 통한 이상 행 동 검출, 딥러닝 가속화 엔진 구현 등 딥러닝 기반의 다양한 영상 분석에 매진하 고 있다. 양질의 원서를 하루라도 빨리 우리글로 옮겨 국내 개발자들에게 도움을 주고자 번역에 발을 들였다. 번역한 책으로는 에이콘출판사에서 펴낸 『윈도우폰 7 게임 프로그래밍』(2012), 『안드로이드 앱 인벤터』(2013), 『데이터 마이닝 Data Mining』(2013)이 있다.

옮긴이의 말

4년 전, 우연히 처음 데이터 마이닝 분야를 접하게 된 이후 줄곧 데이터 속에서 특정한 패턴을 찾아내는 기법이 얼마나 놀라운 속도로 발전하고 있는지 구경하는 것만으로도 상당히 재미가 있었다. 예전만 해도 '인공지능'이란 말이 그저 스타크래프트와 같은 게임 소프트웨어를 만드는 데만 국한되어 사용되는 것 같았지만, 요즘엔 부적 자동차 소프트웨어나 사용자와 대화하는 소프트웨어, 주식 거래 자동화 소프트웨어, 바이오 인포매틱스 등에 활발하게 적용되면서, 왠지 모를 보람을 느끼고 있다.

이 책은 이러한 인공지능 기술에서 가장 중심에 해당하는 '딥러닝' 알고리즘의 핵심인 "Deep Belief Network"를, "CUDA"와 더불어 다룸으로써 딥러닝의 구조와 원리를 이해하고, 이러한 알고리즘이 GPGPU에서 동작하기 위해 어떠한 개념과 기법들이 적용되고 있는지 확인해볼 수 있는 좋은 진입점이라 할 수 있다. 내 좁은 시각으로 보면, 알파고나 구글카의 자율 주행 기술에 딥러닝이 적용되는 것은 그야말로 시작에 불과한 것 같다.

딥러닝이 빅데이터의 어깨 위에 서서 세상이 돌아가는 역학적 원리를 학습하기 시작한다면 이 알고리즘의 본 면모가 제대로 드러날 것이다. 요즘엔 '구글 라이프'라는 말을 종종 듣곤 하는데, 이러한 기술을 우리나라 엔지니어들도 빠르게 습득하여 이런 볼 만한 구경거리를 그저 바라보고만 있지 말고 직접 그 무대에 올라서서 같이 퍼포먼스를 보여줬으면 한다. 나도 아직 딥러닝의 모든 것을 이해하고 있는 것은 아니기 때문에 번역에 어려움이 많았지만, 이렇게 1권부터 3권까지 이어지는 시리즈를 모두 마치고 나니 한숨을 돌릴 수 있게 되었다.

혹시 이 책을 읽고, 딥러닝 기술을 실시간 영상처리에 적용하는 데(되도록 자동차 분야에 국한하여) 관심이 있는 독자가 있다면 기꺼이 같이 교류하고 싶다는 생각을 밝힌다. 아무쪼록 시리즈의 마지막 3권으로 새롭게 인사드리게 되어 큰 영광이며, 이후에도 딥러닝과 관련된 서적들을 통해 지속적으로 인사드릴 수 있었으면 한다. 참고로, 이 책을 번역하면서 내 나름대로 그림을 그리며 정리한 자료가 있는데, 원하는 독자는 링크드인LinkedIn에서 나를 검색하면 찾을 수 있다. 독자분들이 이 책을 읽으면서 자료를 함께 참고해 학습 시간을 절약할 수 있었으면 한다.

차 례

1

소개

지난 1, 2권 시리즈에 이은 이번 3권은 지난 번에 다뤘던 다양한 내용들을 참조하고 있으며, 특히 스레드 기반의 오퍼레이션 코딩 기법과 CUDA 구현과 관련한 내용을 참조하고 있다. 그렇기 때문에 반드시 1, 2권을 먼저 읽고 이해하길 바란다. 특히 1권에서 멀티스레드와 CUDA 하드웨어 관련 내용들을 다루고 있어 중요하다.

3권에서 다루고 있는 모든 기법들은 근래의 수학적 이론을 근거로 하고 있지만, 독자들이 이렇게 수학적으로 복잡한 알고리즘을 꼭 제대로 이해해야 할 필요는 없다. 그러므로 기본적인 선형대수학을 넘어서는 복잡한 내용을 알아야 할 필요는 없다.

이 책에서 정하고 있는 두 가지 주요 주제는 상세하게 합성곱 네트워크 알고리즘을 제시하는 것과, 이러한 알고리즘을 효율적으로 프로그래밍할 수 있도록 가이드를 제시해주는 것이다. CUDA를 활용하지 않는 구현 소스의 관점에서 봤을 때, 완전한 C++ 패러다임을 이용하지 않고도, 기본적인 C 언어만으로 C++가 갖는 대부분의 유용한 측면들을 추가적으로 활용한다는 측면에서, CUDA C를 종종 "개선된 버전의 C"라고도 부르고 있다. 그러므로 사용자는 이상적으로 C와 C++에 익숙해야 한다(그렇다고 해도 나는 어떤 언어를 쓰든지, 여기서 제시하고 있는 알고리즘들을 충분히 명확하게 이해하고 사용자가 쉽게 구현할 수 있었으면 한다).

이 책은 크게 네 가지 절로 나뉜다. 첫 장은 피드포워드 신경망과 관련된 내용을 재검토하면서 오차 역전파에 대한 중요한 주제를 다룬다. 그다음, 이러한 주제를 확장하여, 합성곱 신경망에서 사용하는 종류의 레이어를 다룬다. 즉, 풀링 레이어와 지역적으로 연결된 레이어, 합성곱 레이어 등을 상세히 다룬다. 전향 전달 활성화와 역전파 그레디언트 계산과 관련된 모든 수학적 배경들도 깊이 있게 다룬다.

두 번째 장에서는 범용 C++코드로 앞서 다뤘던 다양한 종류의 레이어를 구현하는 방법을 다룬다. 첫 장에서 설명한 수식을 많이 참조하므로, 독자들은 쉽게 수식과 코드를 관련지어 이해할 수 있을 것이다.

세 번째 장은 CUDA 언어로 합성곱 신경망 알고리즘을 어떻게 구현하는지 다룬다. 이번에도, 앞서 다뤘던 이론적 내용과 수학적인 배경들을 많이 참조하기 때문에 코드가 구현한 모든 함수를 명확하게 이해할 수 있을 것이다.

CUDA로 구현한 여러 가지 루틴들을 호출하여 성능 평가 기준 값과 그레디언트 값들을 계산하는 하나의 C++ 루틴을 다룬다.

마지막 장에서는 CONVNET 프로그램을 사용하기 위한 사용자 매뉴얼에 대해 다룬다. 이 프로그램은 내 홈페이지에서 다운로드할 수 있다.

이 책에서 다루는 모든 코드 역시 내 홈페이지에서 다운로드할 수 있지만, CONVNET 프로그램을 구현해 놓은 완전한 코드를 올려놓은 건 아니다. 하지만 합성곱 네트워크 루틴의 프로그래밍하는 데 필요한 핵심적인 부분들은 찾아볼 수 있으므로, 이 부분을 활용해서 독자가 직접 UI를 꾸며보길 바란다.

2

피드포워드 신경망

합성곱 신경망은 영상처리 등의 특정 분야에서 활용하기 좋도록, 특수한 구조를 갖는 결국 다중 레이어 피드포워드 신경망MLFNs이다. 이번 장에서는 다중 레이어 피드포워드 신경망을 복습하고 이 구조가 어떻게 이미지 처리에 특화될 수 있는지 살펴본다.

다중 레이어 피드포워드 신경망 다시보기

다중 레이어 피드포워드 신경망Multiple-Layer Feedforward Networks은 일반적으로 그림 2.1과 2.2에 나와 있는 것처럼 뉴런들로 구성된 레이어들을 여러 겹에 걸쳐 쌓는 것으로 표현된다. 고전적인 모델링 서적에서는 하단에 있는 입력 레이어를 소위 독립 변수 혹은 예측기predictor 등으로 지칭한다. 이러한 입력 레이어 바로 위에는 첫 번째 은닉층이 존재한다. 이 은닉층 상에 존재하는 뉴런들은 입력 값들에 가중치를 적용해서 합산한 다음, 이를 비선형 함수의 입력 값으로 대입시킴으로써 활성화된다. 일반적인 경우, 이러한 은닉층의 각 뉴런들은 저마다의 입력 가중치 셋을 갖게 된다.

이 위에 하나의 레이어, 즉 두 번째 은닉층이 더 있다면 첫 번째 은닉층 상의 활성화 값에 다시 가중치를 적용한 후 모두 합산해 두 번째 은닉층의 뉴런들이 갖는 활성화 값을 계산한다. 이런 식으로 원하는 만큼 많은 은닉층을 두고 동일한 계산 과정을 반복해나간다.

신경망의 최상단에 있는 출력 계층의 활성화 값을 계산하는 방법은 다양하게 존재하며 이들 중 몇 가지 방법을 향후 논의할 것이다. 지금 당장은 일단 바로 밑에 있는 계층상의 활성화 값들에 각각 가중치를 적용하고 더함으로써 비선형 함수에 다시 대입하지 않고 그냥 개개의 출력단 뉴런들의 활성화 값을 계산한다고 가정한다.

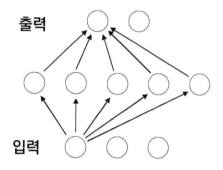

그림 2.1 얇은 계층의 신경망

그림 2.1과 2.2에서는 전체 중 일부 연결선들만 나타냈다. 하지만 실제로는 모든 레이어상의 모든 뉴런은 자신보다 위에 있는 레이어의 모든 뉴런과 연결돼 있는 구조를 갖는다.

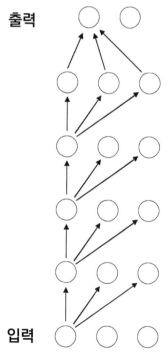

그림 2.2 깊은 계층의 신경망

좀 더 구체적으로, 은닉층 뉴런의 활성화 값은 식 (2.1)과 같이 이전 레이어의 활성화 값들을 기반으로 한 함수로 표현된다. 이 식에서 $x = \{x_1, ..., x_k\}$는 이전 레이어 활성화 값들로 구성된 벡터이고, $w = \{w_1, ..., w_k\}$는 이 활성화 값들에 적용되는 가중치 값들의 벡터이며, b는 바이어스를 나타내는 항이다

$$a = f\left(b + \sum_{k=1}^{K} w_k x_k\right) \tag{2.1}$$

때로는 전체 신경망의 활성화 값을 한꺼번에 고려해 계산하는 것이 편할 수도 있다. 식 (2.2)에서 가중치 행렬 W는 K개의 열을 가지며 각 열은 이전 레이어상에 존재하는 각 뉴런에 대응한다. 또한 계산 대상이 되는 레이어상에 있는 뉴런들의 개수만큼 행이 존재한다. 바이어스와 입력 x는 하나의 열을 갖는 벡터다. 비선형 활성 함수가 바로 이 벡터의 각 원소들마다 적용돼 계산된다.

$$\boldsymbol{a} = f(\boldsymbol{b} + \boldsymbol{Wx}) \tag{2.2}$$

활성화 값의 계산을 표현하는 방법이 한 가지 더 있는데 경우에 따라서 가장 간편하게 써먹을 수 있다. 바이어스 벡터 b가 처리하기 골치 아픈 존재일 수 있기 때문에 바이어스 벡터를 기존 가중치 행렬 W의 오른편에 덧붙이고, 입력 벡터 x의 행에 1이라는 성분을 추가하는 식인 ($x = \{x_1, ..., x_k, 1\}$)로 동치화시킬 수 있다. 이렇게 하면 다음과 같이 각 레이어의 활성화 함수를 단순히 행렬 벡터 간의 곱을 입력받는 함수로 변환된다.

$$\boldsymbol{a} = f(\boldsymbol{Wx}) \tag{2.3}$$

활성화 함수는 어떤 형태를 갖는가? 보편적으로 활성화 함수는 훈련 프로세스를 빠르게 해준다고 알려진 쌍곡선 탄젠트_{hyperbolic tangent} 함수를 사용한다. 나중에 좀 더 명확하게 밝히겠지만 어떤 이유로 인해 우리는 다음 식과 같은 로지스틱 함수를 사용할 것이다(그림 2.3 참조).

$$\tanh(t) = \frac{e^{t} - e^{-t}}{e^{t} + e^{-t}} \tag{2.4}$$

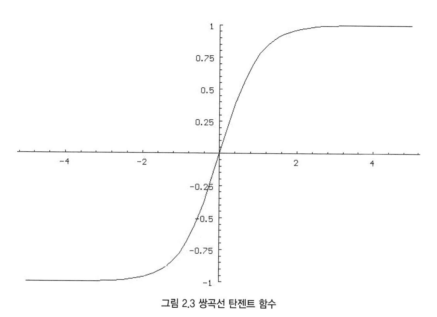

그림 2.3 쌍곡선 탄젠트 함수

넓은 신경망 대 깊은 신경망

신경망을 개발하기 이전에, 연구원들은 일반적으로 예측 및 분류 시스템을 설계하는 데 있어 인간의 지능에 크게 의존해왔다. 관심 대상인 변수들을 측정한 다음, 선형 주요인 분석과 같은 알고리즘이 처리 작업을 좀 더 쉽게 수행할 수 있도록 만들어주는 새로운 변수로 기존 변수를 손보는 방법을 생각해내기 위해 고민했을 것이다. 예를 들어, 원본 데이터가 음영 픽셀 배열로 표현되는 이미지인 경우, 외곽선 검출 알고리즘이나 푸리에 변환 알고리즘을 원본 이미지 데이터에 적용하여, 이러한 중급의 알고리즘이 처리한 결과를 분류기에 전달하는 방법을 생각해볼 수도 있다.

신경망, 특히 다중 레이어 피드포워드 신경망이 탄생했을 때, 데이터 분석 알고리즘에 있어 엄청난 파장을 가져왔다. 기존에 고안된 방법과 비교해서 사람이 주도하는 처리 과정에 훨씬 덜 의존하는 예측 및 분류 도구를 갖게 된 것이다. 음영 픽셀 배열을 신경망으로 간단하게 표현하고, 거의 기적적으로 클래스의 특출난 특징feature을 스스로 발견하는 걸 지켜보는 게 가능해졌다.

지난 수년간, 피드포워드 신경망이 가질 수 있는 최적의 구조는 얇고 넓어야 한다는 게 가장 일반적으로 가진 생각이었다. 다시 말해, 신경망은 입력단(최하단 레이어라고도 불린다)과 출력단(최상단 레이어라고도 불린다), 그리고 그 사이에 하나나 많아 봤자 두 개의 은닉층이 존재하는 것으로 설계됐다. 이러한 관례는 매우 방대한 종류의 문제들을 풀기 위해서는 하나 혹은 두 개의 은닉층만 있으면 충분하다는 이론들이 나오는 등 여러 가지 강력한 외력으로 인해 더욱 깊게 자리잡았다. 또한, 세 개 이상의 은닉층을 두고 신경망을 훈련시키려고 시도하면, 거의 언제나 훈련 결과는 참담했으며, 얼마나 많은 레이어를 사용할지 결정하는 일을 무의미하게 만들어버렸다. 이런 이론들이 나왔던 시절에는 깊게 신경망을 만들 필요가 없었으며, 깊게 만들고 싶어도 이를 훈련시킬 수도 없었다. 그러니 무엇 때문에 굳이 깊게 만들려고 하겠는가?

여기에는 한 가지 허점이 있었는데, 근본적으로 두뇌의 동작을 모델로 신경망 구조를 설계했다는 것이다. 안타깝게도, 두뇌는 신경망의 내부의 연산 구조가 보여주는 내용과 너무나도 다르다는 게 잘 알려져 있다(몇몇 인기 있는 미디어 스타들을 제외하면 말이다). 그런 다음 새로운 이론적 결과들이 등장하면서 여러 가지 중요한 종류들의 문제점들에 대해, 여러 층의 좁은 레이어들로 구성된 신경망이, 뉴런의 개수를 동일하게 유지시켰을 때 얕고 넓은 신경망보다 더 강력한 효과를 낸다는 사실이 밝혀지기 시작했다. 실제, 어떤 간단한 문제를 풀기 위해서는 얕은 신경망 정도로 충분할지 몰라도 너비가 어마어마하게 커질 수 있으며, 너비가 아주 좁아진다고 해도 깊은 신경망으로 문제를 해결할 수 있다. 구현하기가 매우 까다롭지만, 깊은 신경망은 매력적이라는 게 증명됐다.

2006년에 제프리 힌튼 박사가 발표한 저명한 논문 「A Fast Learning AlgorithMfor Deep Belief Network」에서 깊은 신경망의 유용성을 설명하고 있다. 비록 일반적으로 이 알고리즘이 합성곱 신경망을 훈련시키는 데 사용되진 않으므로 더 자세한 내용을 다루진 않겠지만, 상세한 내용을 알고 싶다면 1권을 읽어보길 바란다. 그래도 이 알고리즘은 깊은 신경망의 놀라운 능력을 발견하는 데 도움을 준다는 점에서 합성곱 신경망과 연관성을 갖는다. 나중에 합성곱 신경망이 내부적인 특수한 구조 때문에 합성곱 알고리즘으로 훈련시키는 게 다른 일반적인 신경망으로 하는 것보다 훨씬 더 쉽다는 것을 살펴볼 것이다.

깊은 신경망이 갖는 놀라운 속성들 중 하나는, 일반적인 깊은 신경망 구조 뿐만 아니라, 합성곱 신경망의 형태에서도 범용적인 훈련 데이터를 적용할 수 있는 놀라운 일반화 능력이다. 이는 출력 레이어가 데이터 원형을 보는 게 아니라, 그 데이터 원본 속에 존재하는 '범용적인universal' 패턴을 찾는 점에 기인하며, 이런 패턴들은 범용성으로 인해, 일반적으로 널리 분포한 데이터 속에서 다시 등장할 가능성이 높다.

깊은 신경망과 근사한 연관성을 갖는 속성은 이 신경망이 놀라울 정도로 과적합에 강하다는 점이다. 모든 통계학 전공 신입생들은 최적화가 가능한 파라미터들을 이용하는 것보다, 아주 아주 많은 훈련 데이터를 사용할 수 있는 게 중요하다는 점을 배운다. 50개의 최적화 가능한 파라미터로 모델을 훈련시키기 위해 100개의 훈련 케이스를 사용한다면, 그 결과로 도출된 모델은 적절한 패턴에 대해 학습하기 때문에 훈련 데이터 셋에 존재하는 노이즈noise를 학습하는 비중이 크게 증가해버려서, 결과적으로 쓸모가 없어진다는 것이 일반적으로 통용되고 있는 상식이다. 그러나 적절한 구조를 갖춘 깊은 신경망은 수천, 수백만 개의 최적화 가능한 파라미터들을 포함하고 있다해도 거의 과적합 없이 학습할 수 있다.

지역적으로 연결된 레이어

일반적으로, 가중치들이 신경망에 많이 존재할수록 문제가 많아진다. 모든 조건을 동일하게 갖추었다면, 훈련 시간은 최적화되는 파라미터들의 개수에 기하급수적으로 비례하여 증가한다. 그래서 특수한 훈련 알고리즘과 특별한 신경망 구조가 나오기 전까진 두 개 이상의 은닉층을 갖는 모델들은 실질적으로 파악하기 힘들었다. 또한, 파라미터들을 더 많이 최적화시킬수록, 과적합될 가능성도 증가해버려서 훈련 데이터 상에 존재하는 잡음을 마치 실질적으로 고려해야할 데이터인 것처럼 취급한다.

모델의 입력 데이터 타입이 이미지인 경우, 종종 하나의 레이어상에 존재하는 뉴런들은 바로 이전 레이어상에서 일정 영역 안에 위치한 뉴런들만을 대상으로 상호작용한다. 예를 들어, 첫 번째 은닉층 상에서 가장 왼쪽 상단에 위치한 뉴런은 설계에 따라, 입력 이미지의 상단 좌측상의 몇몇 픽셀들하고만 상호작용한다. 이렇게 되면 첫 번째 은닉층의 상단 좌측에 존재하는 하나의 뉴런이 입력 이미지의 반대편 모서리 쪽에 위치한 픽셀들하고만 지나치게 상호작용할 수도 있다.

이러한 설계적 특징을 구현함으로써, 전반적으로 주요한 정보를 수집하는 결과에는 그다지 악영향을 주지 않으면서, 모델 상에서 최적화 가능한 가중치들의 수를 대폭 감소시킬 수 있다. 비록 첫 번째 은닉층 상에 존재하는 개개의 뉴런들이 입력 데이터 상에서 자신의 좌표 근처에 위치한 뉴런들하고만 반응하면서, 해당 은닉 뉴런들이 전반적으로 전체 이미지에 대한 정보를 함축할 수도 있다.

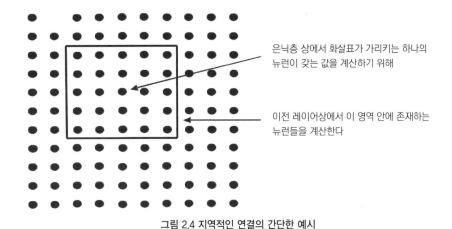

그림 2.4 지역적인 연결의 간단한 예시

위 그림 2.4가 무엇을 의미하는지 처음 봤을 땐 애매할 것이다. 그림 2.1과 2.2를 보면, 개개의 레이어를 1차원 형태의 한 줄로 된 은닉 뉴런들로 표현한 것을 볼 수 있다. 그러나 그림 2.4에서는 2차원 형태로 표현해놓았다. 이 그림에서 각 뉴런들은 이전 레이어(즉, 입력 데이터) 상에 존재하는 각 일정 영역들 안에 놓인 뉴런들에 대응한다. 그리고 실질적인 문제에서는 상황이 훨씬 더 복잡해진다. 이 책에서 소개하는 신경망은 3차원 레이어들을 갖는다. 이게 무슨 말인지 알아보자.

행, 열, 슬라이스

하나의 입력 이미지가 있다고 해보자. 이 이미지는 여러 개의 밴드(RGB 색상 같은)로 구성된다. 어떤 이미지든 높이(행의 개수)와 너비 (열의 개수) 속성을 갖게 되며, 세 개의 RGB 밴드는 동일한 높이, 너비 값을 갖는다. 합성곱 신경망의 측면에서 봤을 때는 밴드라는 말보다는 '슬라이스slice'라는 표현을 쓴다. 마찬가지로 개개의 은닉층은 높이, 너비, 깊이(슬라이스의 개수) 등으로 표현되는 3차원 체적을 갖는다. 한 은닉층의 높이와 너비(시각 영역)는 일반적으로 이전 레이어의 크기와 같거나 작다. 즉, 절대로 더 커지는 일은 없다.

한 은닉층에서 하나의 슬라이스가 곧 어떠한 합성곱 신경망에 존재하는 하나의 단일 은닉 뉴런에 해당한다고(대략적으로!) 생각하는 게 도움이 될 것이다. 예를 들어,

두 개의 입력들을 합한 것에 대응하는 하나의 은닉 뉴런이 합성곱 신경망에 존재한다고 가정해보면, 하나의 서로 다른 은닉 뉴런은 이러한 두 개의 입력들 간의 차이를 나타내는 것과 대응한다. 마찬가지로 한 슬라이스 상에 존재하는 뉴런들이 특정 영역 근방에 존재하는 전체 입력에 대응하는 것에 특화된 반면, 다른 슬라이스 상에 존재하는 뉴런들은 특정 영역 안에 들어오는 가로로 된 외곽선을 검출하는 것에 특화된 경우를 생각해볼 수 있다. 어떤 특질을 추출하는 것에 특화된 것인지는 시각 영역에 걸쳐서 제각기 다를 수도 있고, 아니면 강제로 일정하게 만들 수도 있다. 이 개념에 대해서는 나중에 다시 다뤄볼 것이다.

하나의 은닉층에 존재하는 뉴런 하나의 활성화 값을 계산하기 위해서, 21페이지의 식 (2.1)과 유사한 식을 사용할 수 있다. 하지만 시각 영역 근방이나 이 근방 영역 안에 존재하는 이전의 모든 슬라이스들의 뉴런들만 수반하기 때문에 지금은 상황이 더욱 훨씬 더 복잡하다. 이 부분은 대략적으로 식 (2.5)에 표현돼 있다.

하나의 지역적으로 연결된 은닉층 상의 하나의 단일 뉴런의 활성화 값을 계산하기 위한 식은 다음과 같은 항들을 수반한다.

R - 계산 대상이 되는 레이어(이를 현재 레이어 라 부른다) 상에 존재하는 뉴런의 행

C - 현재 레이어상에 존재하는 뉴런의 열

S - 현재 레이어상에 존재하는 뉴런의 슬라이스

A_{RCS} - 계산 대상이 되는 현재 레이어상의 뉴런(혹은 입력)의 활성화

r - 이전 레이어 (혹은 입력) 뉴런의 행

c - 이전 레이어 (혹은 입력) 뉴런의 열

s - 이전 레이어 (혹은 입력) 뉴런의 슬라이스

a_{rcs} - r, c, s에 위치한 이전-레이어 뉴런(혹은 입력)의 활성화

w_{RCSrcs} - R, C, S에 위치한 뉴런의 활성화를 계산할 때 r, c, s에 위치한 이전 레이어 상의 뉴런(혹은 입력)과 연관된 가중치

b - 단일 바이어스 항

$$A_{RCS} = f\left(b + \sum_{s} \sum_{r\,near\,R} \sum_{c\,near\,C} w_{RCSrcs}\, a_{rcs} \right) \tag{2.5}$$

개발자는 모델 상에서 '근방'이 정확히 무엇을 의미하는지 정의한다. $NEAR_R$를 설계에 따라, '현재 레이어' 상에서 계산이 진행 중인 행 근처에 존재하는 이전 레이어 행의 개수라 하자. 그리고 $NEAR_C$ 역시 마찬가지 방식으로 정의한다. N_s를 이전 레이어상에 존재하는 슬라이스의 개수, 즉 이 레이어의 깊이라고 하자. 그러면 하나의 뉴런의 활성화 값을 계산하는 데 사용되는 가중치들의 개수는 $NEAR_R$ * $NEAR_C$ * N_s 더하기 1이다(1은 바이어스에 해당한다). 이 책에서 사용하는 하나의 규약으로써, 종종 이와 같은 수량(바이어스 항까지 포함한)을 nPriorWeights라고 지칭하겠다.

현재 레이어상에 N_R개의 행과 N_C열, N_S 슬라이스 등이 존재한다고 해보자. 그러면 이전 레이어와 현재 계산 중인 레이어를 연결하는 가중치들의 총 개수는 N_R * N_C * N_S * nPriorWeights와 같다.

눈치가 빠른 독자라면, 위 계산에서 한 가지 이상한 점을 발견했을 것이다. 이전 레이어의 외곽선은 어떻게 계산하는가? 하나 혹은 두 개의 모서리의 경우 이전-레이어상에서 그 근방에는 아무런 뉴런도 없다. 대단한 통찰력이다! 일단 인내심을 갖자. 이 문제에 대해서는 곧 살펴볼 것이다.

합성곱 레이어

앞서 하나의 슬라이스 상에 존재하는 특징을 추출하기 위해 특화된 뉴런들이 전체에 걸쳐 동일할 수도 있고, 아니면 다양하게 변화할 수도 있다고 언급했었다. 뭐가 더 좋다고 할 순 없다. 특수한 특징들이 시각 영역 상의 사전 정의된 위치를 갖지 않는 다양한 이미지들을 다루는 경우, 개개의 레이어들이 하나의 공통적인 특수성 specialization을 갖도록 하는 게 좋을 것이다. 예를 들어, 하나의 슬라이스 안의 모든 뉴런들은 지역적인 영역 전체의 밝기를 반영하는 반면, 다른 슬라이스 상의 모든 뉴런들은 지역적 시각 영역의 상위 영역과 하위 영역을 대조하여, 결과적으로 수평선에 민감하게 반응할 수도 있다. 얼굴이나 군사 차량과 같은 입력 이미지가 중앙에 놓여 있는 것처럼 미리 위치가 정해진 엔티티라면, 위치 변화에 상대적인 특수화를 허용하는 것이 타당할 것이다. 예를 들어, 얼굴 이미지 상단 부분의 좌/우측에 놓인 뉴런들은 눈 모양에 특수화될 것이다.

어떤 애플리케이션을 대상으로 하느냐에 따라, 시각 영역에 걸친 하나의 슬라이스가 갖는 특수화가 일관된 값을 갖도록 하는 게 좋은 경우도 있다. 이런 경우, 가중치 셋인 w_{RCSrcs}는 시각 영역에서 계산되는 뉴런의 위치를 나타내는 모든 R, C들에 대해 동일한 값들을 갖는다. 주어진 슬라이스의 시각 영역에 걸쳐 모든 뉴런들은 동일한 가중치 셋을 갖게 되는데, 이 때 이전 레이어와 현재 레이어를 잇는 가중치들의 총 개수는 N_S * nPriorWeights로, N_R * N_C * N_S * nPriorWeights보다 훨씬 적은 개수다.

그러한 레이어를 합성곱 레이어라고 부르는 이유는 현재 레이어의 각 슬라이스들이 이전 레이어에서 각 슬라이스의 특수화를 정의하는 nPriorWeights개의 가중치 셋과 활성화와의 합성곱으로 구한 결과물이기 때문이다(합성곱은 필터링 이론에서 파생된 하나의 용어로, 이 용어에 익숙하지 않아도 상관없다). 명확하게 하기 위해, 하나의 뉴런이 활성화되는 걸 표현하는 식을 다음과 같이 나타낼 수 있다.

$$A_{RCS} = f \left(b + \sum_s \sum_{r\,near\,R} \sum_{c\,near\,C} w_{Srcs}\, a_{rcs} \right) \qquad (2.6)$$

절반-너비와 패딩

지금까지 우리는 시각 영역에서 '근방'이 뭘 말하는 건지 명확하게 알지 못했다. 이제 그 의미를 알아볼 때다. 앞서 그림 2.4를 다시 살펴보자. 여기서 가운데에 위치한 뉴런을 중심으로, 양쪽에 수직, 수평 방향으로 두 개의 뉴런들이 있다. 이러한 개수 혹은 거리를 필터의 '절반-너비'라고 한다. 이 예제에서는 수직, 수평 방향의 절반-너비가 2로 동일하지만 꼭 같을 필요는 없다. 하지만 시각 영역의 중심에서 좌-우 그리고 상-하 외곽까지의 거리는 항상 동일하다. 같지 않으면 당연히 그건 중심이 아니다. 여기서 수직, 수평 방향의 절반-너비를 각각 HW_V , HW_H라 하겠다. 식 (2.7)은 단일 뉴런의 활성화 값을 계산하는 데 필요한 가중치들의 개수를 구하는 데 사용된다. 여기서 Ns가 이전 레이어의 슬라이스 개수임을 상기하자. 마지막에 +1이 붙은 것은 바이어스 항 때문이다.

$$nPriorWeights \ = \ N_s \left(2\,HW_H \ + \ 1 \right) \left(2\,HW_V \ + \ 1 \right) \ + \ 1 \qquad (2.7)$$

이제는 외곽선의 영향에 대해 생각해볼 차례다. 외곽선을 처리할 때는 이전 레이어의 외곽선을 정의되지 않은 빈 공간에 붙여 넣게되는 필터 확장 문제가 발생한다. 이를 해결하기 위해 두 가지 극단적인 옵션들이 존재하며, 두 옵션을 절충하는 또 다른 방법도 있긴 하다(실질적으로는 거의 쓰이지 않는다).

1) 이전 레이어의 가장 좌측 열을 현재 레이어의 가장 좌측에 있는 은닉 뉴런의 중심이 되도록 하면, HW_H개의 열들이 필요한 활성화 값들이 대부분 정의되지 않은 값들을 갖게 되버리기 때문에 대신 좌측 외곽선 열에서 HW_H번째에 놓인 열부터 계산하기 시작한다. 다시 말해, 현재 레이어의 가장 좌측 열의 중심이 이전 레이어상에서 가장 좌측 열이 아니라 HW_H번째 놓인 열에 위치하도록 한다. 그러므로 직관적으로 보더라도 기존의 잘 나열된 정렬 상태가 사라진다. 즉, 현재 레이어의 각 열은 이전 레이어상에서 각각 대응되는 열로부터 HW_H만큼 오프셋된다. 이와 유사하게, 우측 외곽선에서 HW_H개의 열만큼 앞서서 연산을 마치고, 최상단 그리고 최하단도 마찬가지로 방식으로 연산이 끝난다. 이렇게 하면 사용 가능한 모든 정보를 정확하게 활용할 수 있다는 장점이 있지만, 현재 레이어의 행과 열이 더 이상 이전 레이어의 행과 열에 나란하게 정렬되지 않는다는 단점도 있다. 이는 일반적으로 거의 혹은 전혀 영양가가 없는 결과만 도출해버리니 딱 봐도 문제다(그림 2.5를 보자).

2) 이전 레이어의 좌, 우 외곽을 0으로 된 HW_H개의 열로 덮는다. 상, 하 외곽을 0으로 된 HW_V개의 행으로 덮는다. 이렇게 하여 이 외곽선들 위에 필터의 중심을 위치시킬 때도 합성곱 계산을 수행할 수 있도록 시각 영역 밖의 뉴런들에 대해 '정의된' 값들을 제공해준다. 이렇게 하면 시각 영역에서 레이어 간 뉴런들의 정렬을 보존할 수 있어서, 대부분의 개발자들이 안도감을 가질 수 있게 되므로 가장 흔하게 이용된다. 이 방식은 다양한 CUDA 구현에도 장점으로 작용되며, 곧 살펴볼 예정이다. 그러나 이 방식에는 여기 저기 위험이 도사리고 있다. 이 부분도 곧 살펴볼 것이다.

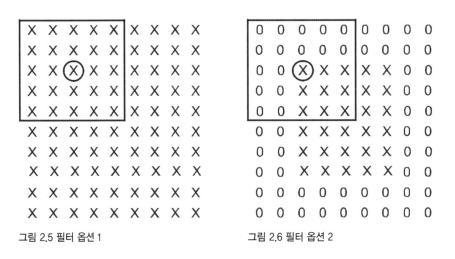

그림 2.5 필터 옵션 1   그림 2.6 필터 옵션 2

위 그림에서 정사각형 박스는 이전 레이어의 시각 영역 안에 존재하는 뉴런들을 윤곽선으로 표시하기 위해 그려놓은 것이다. 이 윤곽선 안의 뉴런들은 현재 레이어의 슬라이스 안에 존재하는 최상단 좌측 뉴런의 활성화에 영향을 미친다. 박스의 중심부에는 동그란 원을 그려놓았다. 최상단-좌측의 뉴런 X는 이전 레이어의 최상단-좌측 뉴런이다. 그림 2.5는 현재 계산 중인 슬라이스 상의 최상단-좌측 뉴런이 시각 영역 안에서 두 개의 뉴런만큼 안쪽, 그리고 이전 레이어의 최상단-좌측에서 두 개의 뉴런만큼 아래에 위치한 중심에 놓여 있음을 보여준다. 그림 2.6은 현재 슬라이스의 최상단-좌측 뉴런과 이전 레이어의 최상단-좌측 뉴런이 일치함

을 보여준다. 이 그림에서 0으로 된 뉴런들이 필터를 외곽선 밖으로 나가도 처리
할 수 있도록 해주기 때문이다.

그러나 실수하지 말자. 0이라고 하지만 실제로는 영향을 미친다. 단순히 생각하면
0을 '아무것도 없는 것'을 의미하는 숫자로 치부해버리기 쉽다. 이를 프로그래밍할
때 식 (2.5)에서의 잉여항$_{overhang}$에 대응하는 요소들은 추가하지 않으려 하기 때
문에 당연한 일이긴 하다.

이들을 추가하지 않으면, 아무런 악영향도 미치지 않을 것이다. 그렇지 않은가? 이
러한 가중치들은 그냥 무시되고 만다.

하지만 사실, 0은 아무것도 아닌 값이 아니다. 즉, 0도 온전히 의미를 갖는(honest-
to-goodness) 숫자다. 예를 들어, 이전 레이어가 0-255 사이의 범위로 스케일링된
하나의 입력 이미지라고 해보자. 그러면 0은 완전한 검정색을 의미한다! 가중치
셋으로 평균 휘도를 계산하는 경우, 적절히 값이 크면 밝은 색을 의미한다고 해도,
0 때문에 평균적으로 회색 음영을 가미한 것처럼 색감을 어둡게 만들어 버린다.
가중치 셋이 윤곽을 검출하고 결과 값이 적절한 크기를 가져서 이미지를 밝게 만
든다면, 무언가 의미있는 윤곽선이 검출될 것이다. 이런 이유로, 0 으로 패딩을 적
용하는 것이 조심스럽다. 하지만 0 패딩 기법은 현재 거의 모든 애플리케이션에서
거의 표준처럼 적용되고 있으니 독자가 원하는 대로 적용하면 되겠다.

하지만 이러한 사실 때문에 뉴런의 활성화 함수로써 식 (2.4)의 쌍곡선 탄젠트처
럼 0을 중심으로 대칭 구조를 이루는 함수를 사용하게 되는 것이다. 만약 로지스
틱 함수처럼 양의 값만을 출력하는 활성화 함수를 사용하는 경우, 0으로 패딩 처
리한 효과는 훨씬 더 커진다. 또한 CONVNET 프로그램에서도 입력 이미지들을 0
~ 255 범위 대신, -1 ~ 1 범위로 스케일링하여(흔하진 않지만) 0 패딩의 효과를 완
화시켜준다.

한 가지 더 언급할 사항이 있다. 둘레를 완전히 0으로 패딩시키는 것은 수많은
CUDA 구현에 있어 장점이 될 수 있다. 이는 나중에 CUDA 코드를 다루면서 상세
히 논의될 것이다. 간단히 핵심만 말하자면, 은닉 뉴런들을 32의 배수가 되도록 맞

취주면 메모리 액세스가 더욱 효율적으로 일어나서 빠른 처리를 가능하게 해준다는 것이다. 반면에, 0 패딩을 완전하게 적용하지 못해버리면 깊이가 아닌 시각 영역의 크기에만 영향을 미치게 되는데, 이는 깊이를 적절하게 조절해서 이러한 크기 감소를 보상해줄 수도록 CUDA 프로그램을 잘 구현해야 한다.

이 때, 위와 같은 두 가지 극단적인 방법들을 꼭 써야 하는 건 아니며 두 가지 방법들을 적절히 보완할 수도 있다. 즉, HW_H열보다 적은 수의 0으로 좌우 측면을 패딩 처리하고 HW_V행보다 적은 수의 0으로 상하 측면을 패딩처리하는 것이다. 그렇게 하는 사람은 아무도 없어 보이지만, 이런 문제 때문에 진행을 멈출 필요는 없다.

스트라이딩과 유용한 계산 공식

신경망 설계 시, 한 가지 일반적인 원칙은 출력층으로 가면 갈수록 은닉층들의 크기가 점차 감소한다는 점이다. 물론, 연속적으로 레이어들의 깊이를 줄일 수도 있다(일반적으로 그렇게 한다). 그러나 연속적인 레이어들 안에서 시각 영역(행과 열로 이뤄지는)의 크기를 줄임으로써, 효율적으로 정보를 압축할 수도 있다. 이전 절에서 언급한 절반-너비를 갖는 0으로 된 패딩을 적용한다면, 시각 영역의 크기는 일정하게 유지된다. 패딩을 안한다고 해도, 시각 영역의 크기 감소율이 그렇게 큰 건 아니다. 이제 좀 더 직접적인 접근 방법인 스트라이딩striding에 대해 알아보자.

진행하기 전에 반드시 강조할 만한 사실은, 근래에는 스트라이딩 사용을 피하고 시각 영역을 줄이기 위해 풀링Pooling을 적용한다는 점이다. 이러한 주제에 대해서는 차후에 논의할 예정이지만, 나가 제공하는 툴박스에 스트라이딩 기능이 있으므로 지금 다뤄볼 것이다.

스트라이딩은 간단하다. 이전 레이어와 현재 레이어의 중심부가 함께 이동하는 대신, 개개의 중심부를 한번에 하나씩 이동시켜서, 더 빠르게 이전 레이어의 뉴런들 상에서 이동하는 것이다. 예를 들어, 현재 레이어보다 이전 레이어상에서 두 배의 속도로 이동할 수 있다. 완전한 패딩을 적용해서 현재 레이어의 1행, 1열이 이전 레이어의 1행, 1열에 맞게 중심을 잡았다고 해보자. 다음에는 현재 레이어의 1행, 2열이 이전 레이어의 1행 3열로 중심을 잡는다. 그 다음도 계속 같은 방식으로 진행해 나간다. 매번 현재 레이어에서 한 칸의 행, 열씩 이동할 때마다, 이전 레이어에서는 두 칸의 행, 열을 건너뛰며 이동시키게 된다. 이렇게 해서 도출된 현재 레이어의 크기는 거의 절반으로 줄이므로(혹은 스트라이딩 인자가 어떤 값이냐에 따라 줄어드는 비율도 달라진다), 시각 영역에서 스트라이딩 크기의 제곱배 만큼씩 뉴런들의 개수를 줄이게 된다.

이제 이전 레이어와 필터의 크기, 0 패딩의 크기, 스트라이드 인자 등이 주어졌을 때, 현재 레이어의 행/열 개수를 구하는 간단한 공식을 다뤄보자. 이 공식의 경우, 각 차원마다 별도로 적용되기 때문에 수직인지 수평 방향인지 식별할 필요는 없다. 식 (2.8)과 같은 공식을 구성하는 항들은 다음과 같은 정의를 적용한다.

W - 이전 레이어의 너비/높이

F - 필터의 너비/높이; 절반-너비의 두배 더하기 1과 같음

P - 각 윤곽선에 추가되는 행/열 패딩; <= 절반-너비

S - 스트라이드

C - 현재 레이어의 너비/높이

$$C = (W - F + 2P)/S + 1 \qquad (2.8)$$

한 가지 널리 통용되는 신념이 있는데, 반드시 분자가 스트라이드 값으로 딱 맞아떨어지게 나뉘어져야 한다는 것이다. 즉, 분자가 스트라이드의 배수가 안 된다면, 다소 부적절한 레이어라 할 수 있다. 간단히 인터넷으로 검색을 해보면 이러한 통념이 꽤나 널리 퍼져 있음을 알 수 있다. 그러나 사실 이는 진실이 아니다. 이 통념이 매력적으로 보이게 만드는 요인은 다음과 같이 두 가지가 있다.

1) 딱 맞아 떨어지게 나눠지지 않는다면, 현재 레이어와 이전 레이어의 정렬은 비대칭적으로 될 것이다. 즉, 이전 레이어를 거쳐서 현재 레이어가 생성될 때, 좌우 혹은 상하 영역의 크기가 서로 달라진다. 하지만 이러한 비대칭성이 왜 어떤 문제가 되는 건지, 어떤 애플리케이션에서도 그 이유를 찾아보기 힘들다. 비대칭성이 독자의 애플리케이션에서는 문제가 된다면, 딱 나눠 떨어지는 수량으로 정하는 식으로 독자만의 파라미터를 선택한다. 그러나 패딩 크기가 절반-너비를 넘어서는 건 그다지 현명하지 못한 일이다. 필터 크기가 중요한 역할을 하는데, 크기 변화를 제대로 수용하지 못해서 나눗셈이 완벽하게 맞아 떨어지지 못하게 될 수도 있다.

2) 일반적으로 일련의 행렬 곱 루틴을 사용하는 여러 인기 있는 훈련 알고리즘들을 이용하려면 정확하게 나눗셈이 맞아 떨어지도록 해야 한다. 그러므로 이런 알고리즘을 이용하려면 다른 선택안은 없다. 이 책에서 제시하고 CONVNET 프로그램에서 사용되는 알고리즘은 이러한 요구조건을 내포하지 않는다.

풀링 레이어

이전 절에서는 하나의 레이어에서 그 다음 레이어로 전개해나갈 때, 시각 영역의 크기를 줄이는 수단으로써 스트라이딩 기법에 대해 논의했었다. 비록 이 방법이 한 동안은 인기가 있었지만, 지금도 때로는 유용하다고 받아들여지고 있으며, 최근에는 하나의 풀링Pooling 레이어를 이용함으로써 이를 대체하기도 한다. 특히, 대개 지역적으로 연결된 레이어나 합성곱 레이어의 스트라이드를 1로 잡아서, 시각 영역이 크기 변화 없이 그대로 유지되거나(완전한 패딩이 적용된 경우) 약간만 줄어든 정도로 변형된다(약간 불완전한 패딩이 적용된 경우). 그러므로 풀링 레이어는 시각 영역의 크기를 줄이려는 게 유일한 목적이다.

이전 레이어에 걸쳐서 하나의 사각 윈도우를 이동시킨다는 점에서, 풀링 레이어는 지역적으로 연결된 레이어나 합성곱 레이어와 유사점을 갖는다. 이 레이어들은 모두 현재 레이어에서 뉴런이 도출하는 활성화 값을 계산하기 위해 개개의 윈도우마다 특정 활성화 함수를 적용한다. 그러나 가장 큰 차이는 풀링 레이어들의 경우 훈련 대상이 아니라는 점이다. 이전 레이어상에서 윈도우를 거쳐 나온 값들을 현재 레이어의 활성화 함수에 매핑하는 풀링 레이어 기능은 미리 고정돼 있다.

이외에도 세 가지 차이점이 있다. 먼저, 일반적으로 패딩이 적용되지 않는다. 즉, 나는 풀링 레이어를 패딩함으로써 데이터가 너무 위험한 수준으로 왜곡된다고 믿기 때문에 이 책에서는 패딩을 적용하지 않는다. 또한, 필터 너비를 균등하게 적용할 수도 있다. 즉, 필터 너비가 2*(절반-너비)+1의 꼴을 갖지 않는다. 이 식은 곧 풀링 레이어 간 레이어 정렬을 깨버린다는 의미를 내포한다.

마지막으로 이전 레이어를 현재 레이어에 매핑하는 풀링 함수는 각 슬라이스마다 개별적으로 적용하지만 지역적으로 연결된 레이어나 합성곱 레이어는 이전 레이어의 모든 슬라이스들을 동일하게 적용한다. 그러므로 예를 들어, 열 개의 슬라이스로 이뤄진 이전 레이어에서 동작하는 5×5 크기의 필터라면, 총 5*5*10=250개의 활성화가 이전 레이어에서 이뤄지면서, 현재 레이어를 구성하는 하나의 뉴런이 도출하는 활성화 값을 계산한다. 그러나 풀링 레이어에서는 이전 레이어만큼의 슬라이스가 존재하고, 개개의 레이어들은 독립적으로 계산된다. 그러므로 이렇게 동일한 개수를 이용해서, 현재 레이어의 시각 영역 안에서 동일한 좌표 위치에 놓여 있는 10개의 뉴런들은 이전 레이어상에서 대응되는 슬라이스의 25개의 뉴런들마다 개별적으로 계산된 활성화 값들이다. 이전 레이어의 첫 번째 슬라이스를 현재 레이어의 첫 번째 슬라이스에 이전 레이어의 두 번째 슬라이스를 현재 레이어의 두 번째 슬라이스에 나머지도 마찬가지 방식으로 매핑을 한다.

풀링 타입

역사적으로, 첫 번째 풀링 레이어 타입은 평균 풀링Average Pooloing이었다. 이 매핑 함수는 단순히 이전 레이어에서 윈도우 안에 존재하는 활성화 값들의 평균을 취한다. 평균 풀링은 최근에 인기가 사그라들고 있지만, 몇몇 개발자들은 여전히 어떤 애플리케이션에서는 적용하기가 적절하다고 판단하여 애용하고 있다.

요즘 들어 가장 인기 있는 풀링 타입은 최대 풀링Max Pooling이다. 이 매핑 기능은 이전 레이어의 윈도우에서 최대 활성활을 갖는 뉴런을 선택한다. 많은 경험을 통해 이 타입이 평균 풀링보다 효율적이라는 점을 알 수 있었다.

최대 풀링은 사사롭지만, 심기를 건드릴 만한 단점이 있다. 바로 미분 불가능하다는 것이다. 하나의 뉴런에서 다른 뉴런으로 선택이 천이되는 활성화 레벨에서 성능 평가기준을 특정 가중치에 대해 미분한 결과는 갑자기 값이 작아지는 뉴런 상에서는 0으로 작아지고, 값이 커지는 뉴런에서는 커진다. 이런 사실이 최적화 알고리즘을 약간 방해하기 때문에 그레디언트 연산들의 수치적인 검증을 하는 데 있어 불확실성을 높인다. 그러나 실질적으로는 이러한 문제점들이 그리 심각하게 나타나는 경우가 없으므로, 당장 급하게 이 문제를 다루진 않겠다.

다른 풀링 함수들도 매력적이다. 다양한 풀링 기준들이 이용될 수도 있으며, 훨씬 더 이색적인 함수들도 몇 가지 제안되었다. 하지만 이 중 어떤 함수도 이 책에서는 논의하지 않겠다.

출력 레이어

CONVNET 프로그램이나 이 책에서는 출력 레이어가 각 클래스에 대응하는 뉴런으로 구성된다는 간단한 규칙을 따른다. 이러한 뉴런들은 각각 이전 레이어에 존재하는 모든 뉴런들과 완전하게 연결된다. 출력층의 클래스라는 개념에 시각 영역이라는 개념을 적용하기가 적절치 않기 때문에 이 레이어는 정의에 따라 하나의 행과 열, 그리고 클래스들의 개수와 동일한 깊이(슬라이스의 개수)로 구성된다('시각 영역'은 1×1 픽셀이 된다). 이러한 구조를 나타낸 정확한 레이아웃이 필수적인 건 아니지만, 이러한 레이아웃은 프로그래밍과 수학적 도출을 단순화시켜준다.

SoftMax 출력

내가 대학원에서 연구를 하고 있었을 때, 수치적인 예측 모델을 이용했던 분류 작업들은 전형적으로 클래스 개수가 곧 출력 예측값의 개수였다. 올바른 클래스에 대응하는 출력은 목표치를 1.0으로 할당하고 올바르지 않은 클래스들에 대응하는 출력들은 모두 0.0을 할당한다. 이러한 모델을 이용할 때, 어떤 출력이든 가장 큰 출력 값을 예측된 클래스로 선정했다. 정확한 예측 값들은 일반적으로 이론적이거나 실질적인 의미를 거의 갖지 않는다. 여기서 가장 큰 값을 그냥 골라낼 뿐이다. 이러한 선택을 '하드hard' 선택 프로세스라고 부르기도 한다.

요즘처럼 밝아진 분위기의 시대에서는 예측된 출력이 확률과 닮도록 선택 프로세스를 '부드럽게' 만들 수 있다. 이렇게 하면 각 클래스마다 예측된 확률 값에 대해 얘기할 수 있을 뿐만 아니라(비록 수많은 애플리케이션에 있어서, 이러한 해석이 과도하게 최적화된다는 경향이 있더라도 말이다!) 훨씬 더 중요한 이유가 있기 때문에 엄청나게 유용하다. 이러한 SoftMax 출력은 모델이 훈련 데이터와 테스트 데이터 상에 존재하는 극단치(변수 분포에서 비정상적으로 벗어난 값)에 대하여 훨씬 더 큰 내성을 갖도록 해준다. 이 중요한 주제에 대해서는 이 책 시리즈의 1권에서 상세히 논의된 바 있으므로, 여기서는 다루지 않겠다. 하지만 앞으로 작성할 프로그램과 관련된 식들을 재검토해볼 필요는 있다.

은닉층의 경우 이전-레이어의 활성화들의 평균을 내서 가중치를 적용한 결과에 비선형 함수(바이어스 포함)를 적용하는 식으로 활성화 값을 구한다는 사실은 알고 있다. 출력 뉴런의 경우, 비선형 함수를 쓰지 않고 단지 가중치가 적용된 평균(바이어스 포함) 값만을 다룬다. 이 수량을 뉴런(현재 계산 중인)의 logit이라고 부른다.

k번째 출력 뉴런에 대한 logit을 계산하는 공식은 다음 식 (2.9)과 같다. 이 식에서, $x = \{x_1, x_2, ...\}$은 마지막 은닉층의 활성화 벡터이고, $w = \{w_{k1}, w_{k2}, ...\}$는 이와 연관된

가중치들의 벡터이며, b_k는 바이어스 항이다. 다시 말해, 출력 뉴런의 logit은 비선형 활성화 함수를 적용하는 게 아니라는 점만 제외하면, 은닉층 뉴런의 활성화를 계산하는 것과 정확하게 같은 방식으로 계산된다.

$$logit_k = b_k + \sum_i w_{ki} x_i \tag{2.9}$$

모든 출력 뉴런의 logit을 구한 다음에는, SoftMax 출력 값들을 계산한다. 이는 대략적으로 클래스 그룹의 확률로써 생각할 수 있으며, 식 (2.10)을 통해 계산된다. 이 식에는 출력 뉴런들의 개수가 K개(클래스들의 수)라고 가정한다. 이 출력 활성화 값들은 음이 아닌 정수이고, 전체를 합하면 1이 된다는 건 자명한 사실이다.

$$p(y{=}k) = \frac{e^{logit_k}}{\sum_{i=1}^{K} e^{logit_i}} \tag{2.10}$$

전형적으로 사용되는 평균 제곱 오차라는 최적화 평가기준 값은 SoftMax 출력을 계산할단계에 도달할 때는 크기가 작다. 그래서 이제는 모델의 적절한 파라미터들 값들을 찾기 위해 새로운 최적화 평가기준이 필요하다. 한 가지 탁월한 선택은 바로 최대 발생 가능 확률maximuMlikelihood이다. 지금 최대 발생 가능 확률에 대해 자세히 설명하는 것도 좋지만, 일단은 직관적으로 접근해보자.

위에 나와 있는 식과 같이 모델 파라미터들이 어떻게든 정의되면, 개개의 존재 가능한 클래스들의 확률 값은 하나의 관측된 케이스로써 주어진다. 훈련 데이터 셋은 어떠한 데이터 군집으로부터 임의로 추출해서 가져온 것이라고 가정한다. 이 데이터는 각각 하나의 입력 벡터와 하나의 참(true) 클래스를 제공한다. 참(true) 모델을 정의하는 하나의 모델 파라미터 셋이 주어진다고 생각해보면(여기서 논의되지 않은 체로 두는 게 최선이라는 측면에서), 실질적으로 관찰된 훈련 케이스 셋을 얻을 확률을 계산할 수 있게 된다. 그러므로 이 확률을 최대화시켜주는 파라미터들 셋을 찾는 셈이다. 다시 말해, 데이터 군집에서 랜덤하게 추출한 데이터 속에서 우리의 훈련 데이터 셋을 얻어낼 최대 확률을 제공하는 모델을 찾아나가는 것이다.

우리가 다루는 특별한 애플리케이션에서는 단지 하나의 케이스가 어떤 클래스에 속할 확률을 도출하는 모델을 이용해 이 케이스에 해당하는 발생 가능 확률을 구한다. 우리는 훈련 셋에 걸쳐 합산 가능한 평가기준이 필요하므로, 곱의 형태로 값이 배가되는 발생 가능 확률을 고려하는 대신, 로그 발생 가능 확률[1]을 앞으로 평가기준으로 사용할 것이다. 훈련 셋에 존재하는 개개의 케이스들에 대해서 이렇게 로그를 취한 값들을 합산해서 전체 훈련 셋에 대한 평가기준을 계산한다.

또한, 좀 더 학술적인 저서에서 좀 더 일반적인 형태로 로그 발생 가능 확률 함수를 다루고 있을 뿐만 아니라, 곧 논의할 미분 방정식에도 맞추기 위해 로그 발생 가능 확률을 좀 더 손보도록 하겠다. 하나의 주어진 훈련 케이스에 대해 이 케이스가 클래스 k에 속하는 경우, t_k를 1.0으로 정의하고, 다른 경우에는 0.0으로 정의한다. 또한 p_k를 식 (2.10)과 같이 출력 뉴런 k의 SoftMax 활성화로 정의한다. 그러면, 단일 훈련 케이스에 대해, 모델의 파라미터들에 대응하는 로그 발생 가능 확률은 식 (2.11)과 같이 주어진다. 이 식을 교차 엔트로피cross entropy라고 부른다. 흥미가 있는 독자들은, 이 방정식에 대해 좀 더 깊은 이해를 위해 직접 조사해보길 바란다.

$$L = \sum_{k=1}^{K} t_k \log(p_k) \qquad (2.11)$$

클래스들을 더하는 연산 식에서 올바른 클래스에 해당하는 항을 제외한 모든 항들은 0이 된다는 점에 주목하자. 그러므로 로그 발생 가능 확률은 단지 해당 케이스가 올바른 클래스에 속하는지 대해 모델이 계산한 확률 값에 로그를 취한 결과가 된다. 여기서 몇 가지 관심 있게 봐야 할 로그 발생 가능 확률의 특징들이 있다.

---

1 곱을 합의 형태로 바꿔주는 확률 – 옮긴이

- p가 1보다 작기 때문에 로그 발생 가능 확률 값은 항상 음수다.

- 올바른 클래스 확률을 계산하는 데 있어, 좋은 모델일수록 더 큰(0에 근사한) 확률 값을 제공하며(로그 값이기 때문에), 좋은 모델은 올바른 클래스에 대해 큰 확률을 제공한다.

- 모델이 거의 완벽하다면, 계산된 올바른 클래스의 확률 값이 모든 케이스에 대해 거의 1.0에 가깝게 되어, 여기에 로그를 취한 로그 발생 가능 확률은 0에 근사하게되고, 이는 이 로그 함수가 가질 수 있는 가장 큰 값에 해당한다.

곧 그레디언트 연산에 대해 논의해볼 것인데, 이 때 우리는 로그 발생 가능 확률의 미분 항이 필요하다. 상당한 양의 수식 전개는 생략하고, 하나의 케이스에 대한 식 (2.11)에서의 이 미분 항을 식 (2.12)와 같이 표현한다

$$\delta_k^O = \frac{\partial L}{\partial \, logit_k} = p_k - t_k \tag{2.12}$$

전형적인 신경망의 그레디언트를 계산해 본 경험이 있는 개발자들은 SoftMax 출력 레이어에서의 최대 발생 가능 확률 최적화에 대한 델타 값이 2의 배수라는 점만 제외하면, 선형 출력 레이어에서의 최소 제곱 오차 최적화에 대한 델타 값과 동일하다는 사실을 알면 정말 놀라워할 것이다.

이는 전형적인 예측 모델 그레디언트 알고리즘을 약간만 수정하면 SoftMax 분류에 사용할 수 있음을 의미한다. 그럼에도 불구하고, 그레디언트 연산에 대한 정리는 다음 절에서 진행해볼 것이다.

그레디언트를 구하기 위한 오차의 역전파

감독 훈련의 근본적인 목표는 다음과 같이 간단하게 요약될 수 있다. 신경망에 전달되는 입력이 주어졌을 때, 신경망이 최대한 출력 기대값desired output에 근사한 값을 도출하도록 해주는 파라미터 셋(즉, 식 (2.2)에서의 가중치 항들과 바이어스 항들을 말한다)을 찾는 것이다. 그러한 파라미터들을 찾기 위해서는 반드시 엄격하게 '근사하다'는 개념을 정의해줄 평가기준이 필요하다. 이런 기준 모델만 있으면 이를 최적화해주는 파라미터들을 찾으면 되는 것이다.

1에서 K까지 번호를 매긴 K개의 출력 뉴런들이 있다고 가정해보자. 하나의 주어진 훈련 케이스에 대해서, t_k를 이 케이스에 대한 참 값이라고 하자. 이 참값은 신경망이 도출하길 기대하는 값이다. 그리고 p_k를 실질적으로 얻어낸 출력 값이라 하자. 그러면 이 단일 케이스에 대한 로그 발생 가능 확률이 식 (2.11)로 주어진다. 전체 훈련 셋에 대한 로그 발생 가능 확률을 계산하기 위해, 모든 케이스들에 대해 계산한 이 수량을 합산한다. 이 수량을 '합리적'인 값으로 유지하기 위해, 대부분의 사람들은(나를 포함해서) 이 합산 결과를 케이스와 클래스의 총 개수로 나눈다. N개의 훈련 케이스가 있다면, 이러한 평가기준은 식 (2.13)과 같이 주어진다.

$$L_{tset} = \frac{\sum_{i=1}^{N} L_i}{KN} \tag{2.13}$$

하나의 다중-레이어 피드포워드 신경망의 감독 훈련 과정은 식 (2.13)을 최대화하는(또는 이 식에 음수를 취한 값을 최소화하는 것으로, 우리가 실제로 그렇게 하고 있다) 가중치들과 바이어스 항들을 찾아 나가는 여정이다. 모든 수치적인 최소화 알고리즘들은 평가기준을 개개의 파라미터에 대해 편미분한 결과를 최소화하는 그레디언트를 효과적으로 찾아내는 커다란 이점을 이용하려고 한다. 다행히, 이 애플리케이션에서는 이 작업이 꽤 쉽다. 그저 출력층부터 시작해서 입력층까지 역방향으로 계산을 진행하면서, 반복적으로 미분의 연쇄 법칙을 적용해나가는 것이다.

출력 뉴런 k의 활성화를 구하는 방정식은 식 (2.10)으로 주어진다. 신경망 매니아들은 보통 성능 평가기준을 뉴런에 전달되는 신경망의 입력으로 편미분한 결과를 그리스 문자인 델타로 표현한다. 현재 문맥에서 이 뉴런은 출력 뉴런 k가 되며 델타는 식 (2.12)로 주어진다.

다시 말해, 이 뉴런은 이전 레이어에 존재하는 모든 뉴런들의 활성화 값들에 가중치를 적용한 합산을 전달받으며, 식 (2.12)로부터 로그 발생 가능 확률이라는 평가기준을 가중치가 적용된 합산으로 미분한 도함수가 어떻게 나오는지 알 수 있다.

어떻게 이전 레이어 뉴런 i로부터 평가기준을 가중치에 대해 미분한 결과를 계산할 수 있을까? 간단한 연쇄 법칙을 적용하면 식 (2.12)로 구한 미분과 알짜 입력(해당 출력 뉴런에 전달되는 가중치가 적용된 합)을 이 가중치에 대해 미분한 곱이라는 사실을 말해준다.

여기서 후자 항은 중요하지 않다. 이전 레이어에 존재하는 i뉴런이 가중합에 기여하는 정도는 단지 출력 뉴런 k를 연결해주는 가중치와 이 뉴런의 활성화를 곱한 것이다. 이러한 출력 가중치를 w_{ki}^O라고 하겠다. 그러므로 이러한 가중합을 w_{ki}^O으로 미분한 도함수는 그저 뉴런 i의 활성화다. 이는 마지막 은닉층을 출력 레이어에 연결해주는 가중치로 평가기준을 편미분한 도함수로 유도된다. 식 (2.14)에서는 활성화 항 위에 첨자 M을 이용해서 M번째 은닉층의 뉴런의 활성화임을 나타낸다(M개의 은닉층들이 존재한다고 보고, 1에서 M까지 번호를 매겼다고 가정한다).

$$\frac{\partial L}{\partial w_{ki}^O} = a_i^M \delta_k^O \tag{2.14}$$

은닉층에 전달되는 가중치들을 고려할 때는 두 가지 복잡한 부분이 있다. M-1번째 은닉층과 M번째 은닉층(마지막 은닉층)을 연결하는 가중치들을 고려해보자. 우리가 궁극적으로 원하는 것은 평가기준을 이러한 개개의 가중치들로 편미분한 도함수다. 출력층을 다룰 때와 같이, M번째 뉴런에 전달되는 알짜 입력을 가중치로 미분한 도함수와 평가기준을 이 뉴런의 알짜 입력으로 미분한 도함수의 곱으로 나눈 형태로 도함수를 표현할 것이다. 이전처럼, 첫 번째 미분항은 중요치 않다. 그냥 이 가중치를 통해 전달되는 이전 뉴런의 활성화일 뿐이다. 상황을 힘들게 만드는 것은 후자다.

상황을 어렵게 만드는 첫 번째 요인은 은닉 뉴런들이 비선형적이라는 점이다. 특히, 은닉 뉴런의 알짜 입력을 그 뉴런의 활성화에 매핑하는 함수는 쌍곡선 탄젠트 함수로 식 (2.4)와 같다. 그러므로 연쇄 법칙은 평가기준을 알짜 입력에 대해 미분한 도함수는 평가기준을 출력에 대해 미분한 결과와 출력을 입력에 대해 미분한 결과의 곱이다.

다행히, 쌍곡선 탄젠트의 미분 함수는 다음과 같이 간단하다.

$$f'(a) = 1 - f^2(a) \qquad (2.15)$$

남은 요인 좀 더 복잡하다. 하나의 은닉층 상에 존재하는 뉴런의 출력이 그 다음 레이어에 존재하는 모든 뉴런으로 전달되고, 그렇기 때문에 이러한 전달 경로들을 하나씩 따라서 평가기준에 영향을 미친다. a_k^O가 출력 뉴런 k로 전달되는 가중치가 적용된 합으로 평가기준을 미분한 항이라는 점을 상기하자. 이전 레이어 M의 뉴런 에서 출력 뉴런 k로 전달되는 이러한 가중합은 은닉 뉴런 i의 활성화와 이 뉴런을 출력 뉴런 k와 연결해주는 가중치의 곱과 같다. 그러므로 이 경로를 따라서 전달되는 뉴런 i의 활성화가 평가기준의 미분에 미치는 영향은 a_k^O와 가중치의 곱과 같다. 뉴런 i가 모든 출력 뉴런들을 거치면서 오차에 영향을 미치기 때문에 반드시 이렇게 기여되는 요인들을 식 (2.16)과 같이 합해야 한다.

$$\frac{\partial L}{\partial a_i^M} = \sum_{k=1}^{K} w_{ki}^O \, \delta_k^O \qquad (2.16)$$

이제 거의 다 왔다. 평가기준을 M-1번째 은닉층에 존재하는 하나의 뉴런을 M번째 은닉층에 존재하는 하나의 뉴런과 연결해주는 가중치에 대해 편미분한 결과는 다음과 같이 앞서 언급했던 세 가지 항들의 곱과 같다.

- M번째 은닉층 뉴런에 전달되는 알짜 입력을, 우리가 관심을 갖는 가중치로 미분한 성분

- 이 뉴런이 내보내는 출력을 알짜 입력에 대해 미분한 성분(즉, 알짜 입력의 비선형 활성화 함수를 미분한 성분)

- 평가기준을 이 뉴런의 출력으로 미분한 성분

평가기준을 w_{ij}^{M}(M-1번째 레이어의 뉴런 j를 M번째 레이어의 뉴런 i와 연결하는 가중치)에 대해 미분한 결과는 이러한 세 가지 항들의 곱으로 풀어낼 수 있다. 여기서 두 번째와 세 번째 항들의 곱은 식 (2.17)으로 주어지는데, 여기서 $f'(.)$는 식 (2.15)로 주어진다. 완전한 형태의 곱은 식 (2.18)과 같다.

$$\delta_i^M = f'\left(a_i^{\,M}\right) \sum_{k=1}^{K} w_{ki}^{\,O}\, \delta_k^{\,O} \tag{2.17}$$

$$\frac{\partial L}{\partial w_{ij}^{\,M}} = a_j^{\,M-1}\, \delta_i^{\,M} \tag{2.18}$$

이전 은닉층에서 마지막 은닉층으로 연결되는 가중치들의 편미분 방정식들은 그저 하나의 레이어씩 뒤로 진행되면서 연속적으로 연쇄 법칙을 적용하는 것과 정확하게 동일하기 때문에 이를 유도할 필요는 전혀 없다. 특히, $m<M$에 해당하는 은닉층들의 경우 식 (2.19)와 같이 평가기준을 M 레이어의 뉴런 i에 전달되는 가중치가 적용된 합으로 편미분한 것과 같다. 그러면 평가기준을 M-1번째 은닉층의 뉴런 j와 M번째 은닉층의 뉴런 i로 연결하는 가중치에 대해 편미분한 방정식은 식 (2.20)과 같다. 이 경우, m+1번째 은닉층에는 K개의 뉴런들이 존재한다.

$$\delta_i^m = f'\left(a_i^m\right) \sum_{k=1}^{K} w_{ki}^{m+1} \delta_k^{m+1} \qquad (2.19)$$

$$\frac{\partial E}{\partial w_{ij}^m} = a_j^{m-1} \delta_i^m \qquad (2.20)$$

지금까지 긴 여정을 거쳐 왔다. 특히 수학적 내용이 달갑지 않게 느껴지는 독자들도 있었을 것이다. 수학적 내용보다는 프로그래밍에 관심을 갖는독자들을 위해, 아래와 같이 조금 더 간단 명료하게 그레디언트 계산 과정을 정리해놓았다.

1) 두 개의 초기 벡터인 this_delta[]와 prior_delta[]를 할당한다. 이 때 두 벡터의 길이는 반드시 모든 은닉층별 은닉 뉴런들의 개수와 클래스들(출력 뉴런들)의 개수를 통틀어 가장 큰 크기로 잡아야 한다.

2) 모든 은닉층들과 출력 레이어의 활성화 값들을 계산한다.

3) 식 (2.12)를 이용해서 출력 델타를 계산한다. 그 결과를 `this_delta` 변수에 저장한다.

4) 식 (2.14)를 이용해서 출력 레이어의 그레디언트를 계산한다.

5) 마지막 은닉층을 '현재' 레이어로 가리키도록 해서, 출력층이 '그 다음' 레이어가 되도록 한다.

6) 이는 주요 작업의 초기 부분으로, 신경망을 마지막 은닉층에서 첫 번째 은닉층으로 거꾸로 타고 내려가면서 이동한다. 이때, this_delta[k]는 평가기준을 그 다음 레이어의 뉴런 k에 전달되는 입력(이후-가중치)에 대해 미분한 성분을 담고 있다.

7) 델타 값을 역전파시킨다. 그러한 현재 그레디언트를 계산 중인 현재 레이어의 뉴런 i로부터, 뉴런 k가 미치는 기여도를 구하기 위해서 delta[k]를 현재-레이어의 뉴런 i를 그 다음-레이어의 뉴런 k와 연결하는 가중치와 곱한다. 그 결과, 그 다음 레이어의 뉴런 k로 전달되는 현재 레이어의 뉴런 i가 내보내는 출력 값 덕

분에, 전체 미분의 일부분을 구할 수 있게 된다. 그러나 뉴런 i의 출력은 그 다음 레이어의 모든 뉴런들을 거치면서 평가기준의 도함수에 영향을 미치므로, 반드시 그 다음 레이어상의 모든 뉴런들에 걸쳐서(k값들을) 합산해야 한다. 평가기준을 뉴런 i에 전달되는 입력에 대해 미분한 도함수를 구하기 위해, 이 합산 결과와 뉴런 i의 활성화 함수의 미분을 곱한다. 마지막 은닉층을 대상으로 하는 경우, 식 (2.19) 혹은 식 (2.17)이 여기에 해당한다. 이 식에 사용되는 인자들은 this_delta에 저장하고, 그 계산 결과는 prior_delta에 저장한다.

8) prior_delta에 저장된 내용을 this_delta로 옮긴다.

9) 평가기준을 뉴런 i로 전달되는 가중치에 대해 미분한 도함수를 구하기 위해, 델타를 이 가중치로 전달되는 입력(즉, 이전 레이어의 뉴런이 내보내는 출력)과 곱한다. 마지막 은닉층일 경우, 이는 식 (2.20) 또는 (2.18)이 된다. 더 많은 은닉층을 처리하는 경우, 6번 단계로 돌아간다.

비록 지역적으로 연결된 레이어나 합성곱 레이어, 풀링 레이어 등 서로 다른 종류의 특수한 레이어들을 다루게 되겠지만, 위에서 설명한 단계들은 모든 레이어에 대해 공통적으로 적용된다. 실질적으로 0이나 마찬가지인 항목들은 주의 깊게 확인해볼 필요가 없으므로 무시한다. 합성곱 신경망을 구현한 경우(72페이지 참조), 9단계를 통해 prior_delta 델타를 구하고, 9단계를 거친 후에 8단계를 완료한다. CUDA 버전에서는(150페이지 참조) 9단계로부터 this_delta를 구하게 되므로, 반드시 8단계를 수행한 다음 9단계를 수행해야 한다.

3

알고리즘 프로그래밍

내 홈페이지에서 다운로드할 수 있는 소스 코드는 아래와 같이 네 가지로 나뉜다. 이 코드들은 모든 종류의 레이어를 대상으로, 활성화 전파라든지 델타를 역전파시키는 방대한 계산 내용을 담고 있다.

MOD_NO_THR.CPP - 모든 루틴들이 비-스레드 방식으로 구현된 버전이다. 이 코드는 CONVNET에서는 쓰이지 않았지만, 이 책에서 논의되고 있는 내용들이다. 스레드 기반으로 구현된 게 아니기 때문에 스레드 기반으로 구현된 루틴보다는 더 간단해 보이긴 한다. 스레드를 배제했기 때문에 스레드의 복잡한 내용에 대해서는 신경을 끄고 알고리즘 자체에만 더 치중할 수 있다.

MOD_THR.CPP - 모든 루틴들이 스레드 방식으로 구현된 버전이다. 이번 장의 마지막 절에서는 스레드 기반과 비-스레드 기반의 차이와 더불어 어떻게 완전한 형태의 멀티스레드 프로그램으로 통합시킬 수 있는지 살펴볼 것이다.

MOD_CUDA.CPP - CUDA 루틴들을 호출하고 모든 CUDA 기반의 계산들을 호스트 루틴들이 구현된 소스 코드다.

MOD_CUDA.cu - 전체 CUDA 소스 코드와 CUDA의 호스트 코드 래퍼wrapper 함수들이 담겨 있다. 여기서 코드의 확장자 'cu'가 소문자임에 유의하자. 몇 가지 이상한 이유로 인해, 비주얼 스튜디오에서는 이 확장자를 대문자로 사용할 경우 인식이 안 되는 문제가 있다.

이번 장에서는 다음과 같은 순서로 루틴들을 제시할 것이다.

1) 핵심 선언부를 보여주는 모델 선언 내용을 추출한 부분

2) 아키텍처가 어떻게 구축되는지 보여주는 모델 생성자를 추출한 부분

3) trial_no_thr() - 모든 활성화를 계산하는, 외부에서 호출이 가능한 루틴

4) 각 레이어 종류에 따른 활성화 함수: trial_no_thr()에서 호출됨

5) trial_error_no_thr() - 평가기준 값을 계산하는 외부에서 호출이 가능한 루틴

6) grad_no_thr() - 그레디언트를 계산하는 외부에서 호출이 가능한 루틴

7) 각 레이어 종류에 따른 그레디언트 루틴: grad_no_thr()에서 호출

8) 각 레이어 종류에 따른 역전파 루틴: 그레디언트 루틴에서 호출

9) 알고리즘의 스레딩 기법에 대한 논의

모델 선언

CLASSES.H 파일에서 완전한 모델 선언 내용을 확인할 수 있다. 하지만 대부분은 활성화나 그레디언트 알고리즘에 대한 논의와 관련이 없으므로 여기서는 다루지 않을 것이다. 또한 매우 광범위하게 사용되어 나가 전역 변수로 선언한 변수들이 존재한다(나를 용서해주길 바란다!).

```
int n_pred ;          // 존재하는 예측기들의 수(입력 행 *열*밴드)
int n_classes ;       // 클래스들의 수
int n_db_cols ;       // 데이터베이스에서 한 케이스의 크기= n_pred + n_classes
int n_cases ;         // 데이터베이스에서 케이스(행)들의 개수
double *database ;    // 여기서 이들은 가장 빠르게 변화하는 변수들이다
int image_rows ;      // 입력 행의 개수
int image_cols ;      // 입력 열의 개수
int image_bands ;     // 입력 밴드의 수
```

여기에는 편리하게 참조할 수 있도록 중요한 모델 클래스 선언부들이 존재한다. 몇 가지 중복되는 전역 변수들에 주목하자. 이 선언부들은 각 레이어마다 별개의 값들을 담게 될 배열들이다.

```
int n_pred ;          // 존재하는 예측기들의 수(입력 그리드의 크기-행*열*밴드)
int n_classes ;       // 클래스들의 수
int n_layers ;        // 은닉층의 수(입/출력층 제외)
int layer_type[] ;    // 각 엔트리는 레이어의 종류임
int height[] ;        // 현재 레이어의 슬라이스 상에서 수직으로 나열된 뉴런의 수
int width[] ;         // 수평방향 뉴런의 수; 완전히 연결된 레이어에서는 둘 다 1임
int depth[] ;         // 현재 레이어의 슬라이스 개수; 완전히 연결된 레이어에서는 은닉 슬라이
                      // 스 개수
int nhid[] ;          // 현재 레이어상에 존재하는 뉴런의 수= height* width * depth
```

```
int HalfWidH[] ;          // 이전 레이어를 바라보는 수평 방향 절반 너비
int HalfWidV[] ;          // 수직 방향 절반 너비
int padH[] ;              // 수평 패딩 (반드시 절반 너비를 넘어선 안됨)
int padV[] ;              // 수직 패딩
int strideH[] ;           // 수평 스트라이드
int strideV[] ;           // 수직 스트라이드
int PoolWidH[] ;          // 이전 레이어를 바라보는 수평 풀링 너비
int PoolWidV[] ;          // 수직 풀링 너비
int n_prior_weights[] ; // 뉴런당 이전 레이어로부터의 입력 개수 N (바이어스 포함)
// = 이전 depth * (2*HalfWidH+1) * (2*HalfWidV+1) + 1
// CONV 레이어는 이와 같은 개수의 가중치를 슬라이스마다 갖게 됨
// LOCAL 레이어는 자기가 갖고 있는 뉴런 개수 nhid배 만큼의 가중치들을 갖게 됨
int n_hid_weights ;       // 모든 은닉 가중치들의 총 개수 (바이어스 포함)  바이어스
int n_all_weights ;       // 위와 같으나, 출력층 가중치까지 포함
int max_any_layer ;       // 레이어들 중 가장 많은 뉴런들의 수 (입출력층 포함)
double *weights ;         // 모든 'n_all_weights' 개의 가중치들 (여기서는 마지막 가중
치들도 포함)
double *layer_weights[] ; // 'weight' 벡터에서 각 레이어들의 가중치들을 가리키는 포
인터
double *gradient ;        //가중치와 함께 정렬되는 'n_all_weights'개의 그레디언트
double *layer_gradient[] ;// 'gradient' 벡터에서 각 레이어의 그레디언트를 가리키는
포인터
double *activity[] ;      // 각 레이어의 활성화 벡터
double *this_delta ;      // 그레디언트 연산을 위한 초기 벡터
double *prior_delta ;     // 위와 동일하다
double output[] ;         // 각 클래스마다의 SoftMax 활성화 출력
int *poolmax_id[] ;       // POOLMAX 레이어에서만 사용된다.
// 전방향 전달 ID를 저장하는 변수
```

가중치와 그레디언트의 처리 순서

i번째 레이어의 가중치는 layer_weights[i]로 시작한다. 유사하게, i번째 레이어의 그
레디언트(요소별로 각각에 대응되는 가중치와 정렬이 맞춰진)는 layer_gradient[i]로 시작
한다.

모든 레이어 타입에 두 가지 일반적인 순서 규칙을 적용한다.

1) 개개의 레이어마다, 가중치(그리고 그레디언트)들은 레이어로 전달되는 입력들을 대상으로, 현재 계산 중인 뉴런보다 더 빠르게 변화하는 입력 순으로 순서가 매겨진다.

2) 너비가 가장 빠르게 변화하고, 그 다음은 높이, 그리고 깊이가 가장 느리게 변화한다.[1]

완전히 연결된 레이어의 경우, 위의 두 가지 규칙들이 명확하게 적용된다. 우선, n_prior_weights개의 가중치가 이전 레이어를 첫 번째 뉴런과 연결시키고 있으며, 바이어스가 마지막에 온다. 이 벡터 안에서 이전 레이어의 너비는 가장 빠르게 변화하며, 그 다음이 높이고, 깊이가 가장 느리게 변화한다. 그 다음, 현재 레이어 상에서 두 번째 뉴런에 대한 벡터도 유사한 형태를 갖게 되며, 그 다음도 마찬가지다. 완전히 연결된 레이어에서는 높이와 너비가 모두 1이라서 뉴런들이 깊이를 따라 마치 실처럼 길게 줄지어 이어지는 모습을 상상해보자.

다른 종류의 레이어들은, 약간 더 복잡한 순서를 따르며, 각 종류별로 활성화 루틴을 다루면서 다뤄볼 것이다.

모델 생성자를 통한 초기화

모델 생성자를 차지하는 대부분의 코드는 평범한 내용들이기 때문에 구지 여기서 다룰 필요는 없다. 독자들은 Model.CPP에 전체 내용을 직접 확인해보길 바란다. 그러나 이 소스의 일부는 앞장의 내용을 보충해주기 때문에 여기서 언급하려고 한다.

다음에 나와 있는 루프문에서 지역적으로 연결된 레이어와 합성곱 레이어를 대상으로 n_prior_weights를 3단계로 나눠서 계산한다. 첫 번째로, 이 변수를 이동 윈도우 필터의 크기(필터에 존재하는 가중치의 개수)로 설정한다. 그 다음엔, 이전 레

---

1 여기서는 변화한다는 말은 루프 안의 배열 인덱스 값이 증가하는 걸 의미한다. - 옮긴이

이어의 모든 슬라이스에 필터를 적용하기 때문에 이 값과 이전 레이어의 슬라이스 개수를 곱한다. 마지막으로 바이어스 항을 추가하기 위해 1을 더한다. 또한 식 (2.8)을 이용하여 루프 안에서 시각 영역의 크기를 계산한다.

```
for (i=0 ; i<n_layers ; i++) {

nfH = 2 * HalfWidH[i] + 1 ; // 필터 너비
nfV = 2 * HalfWidV[i] + 1 ;

if (layer_type[i] == TYPE_LOCAL || layer_type[i] == TYPE_CONV) {
  n_prior_weights[i] = nfH * nfV ; // 입력 개수; 레이어의 뉴런 개수+ 바이어스 항
  if (i== 0) {
    height[i] = (IMAGE_rows - nfV + 2 * padV[i]) / strideV[i] + 1 ;
    width[i] = (IMAGE_cols - nfH + 2 * padH[i]) / strideH[i] + 1 ; n_
prior_weights[i] *= image_bands ;
  }

  else {
    height[i] = (height[i-1] - nfV + 2 * padV[i]) / strideV[i] + 1 ;
    width[i] = (width[i-1] - nfH + 2 * padH[i]) / strideH[i] + 1 ; n_
prior_weights[i] *= depth[i-1] ;
  }
  n_prior_weights[i] += 1 ;  // 바이어스 항 포함
}
```

일반적으로, 완전히 연결된 레이어는 각 뉴런마다 하나의 슬라이스를 갖는 한 픽셀짜리 시각 영역으로 구현된다. 이 레이어는 모든 이전 레이어 활성화를 거쳐서 나온 하나의 가중치에 바이어스 항을 갖는다.

```
else if (layer_type[i] == TYPE_FC) {
  height[i] = width[i] = 1 ;

  if (i== 0)
    n_prior_weights[i] = n_pred + 1 ;
  else
    n_prior_weights[i] = nhid[i-1] + 1 ;
}
```

풀링 레이어의 시각 영역 크기 또한 식 (2.8)로 정의된다. 이 경우 이전 레이어의 슬라이스와 현재 레이어의 슬라이스를 잘 맞아 떨어지게 정렬하며, 각각 독립적으로 처리하므로, 이전 레이어와 동일한 개수의 슬라이스를 갖는다. 단, 패딩은 전혀 적용되지 않는다(나는 대부분 이렇게 한다). 풀링 레이어는 가중치를 훈련시키지 않는 항상 변하지 않는 고정된 함수라 할 수 있다. 그러므로 n_prior_weights는 0이다. 마지막으로 현재 레이어에서 은닉 뉴런들의 개수는 종류가 무엇이든 간에 각 크기를 곱한 값이다.

```
else if (layer_type[i] == TYPE_POOLAVG || layer_type[i] == TYPE_
POOLMAX) {
  if (i== 0) {
    height[i] = (IMAGE_rows - PoolWidV[i]) / strideV[i] + 1 ;
    width[i] = (IMAGE_cols - PoolWidH[i]) / strideH[i] + 1 ;
    depth[i] = image_bands ;
  }

  else {
    height[i] = (height[i-1] - PoolWidV[i]) / strideV[i] + 1 ;
    width[i] = (width[i-1] - PoolWidH[i]) / strideH[i] + 1 ;
    depth[i] = depth[i-1] ;
  }
  n_prior_weights[i] = 0 ;
}
nhid[i] = height[i] * width[i] * depth[i] ;
}
```

위 코드는 은닉층을 처리하는 내용이다. 우리는 항상 완전히 연결된 형태를 갖는 출력층을 아래와 같은 코드를 통해 처리한다. 다음에 이어지는 (출력층을 처리하는) 코드에서 전혀 참조되는 일이 없기 때문에 높이나 너비, 깊이에 대해서 걱정할 필요는 없다.

```
if (n_layers == 0)
  n_prior_weights[n_layers] = n_pred + 1 ; // 완전히 연결된 출력층
else
  n_prior_weights[n_layers] = nhid[n_layers-1] + 1 ;
```

마지막으로 전체 은닉층(출력층 제외) 상의 모든 가중치들의 개수를 계산한다. 또한 전체 입/출력, 은닉층 등을 통틀어 가장 큰 레이어의 크기를 알아야 한다. 이러한 데이터들은 메모리 할당 시 사용되며 여기서는 다루지 않는다. 이 코드는 단지 모델 상에서 구조적인 이슈들을 보강하기 위해 제시된 것이다.

여기서 가장 중요한 사실은 각 은닉 뉴런이 자기 자신만의 가중치 집합을 갖기 때문에 지역적 혹은 완전히 연결된 레이어가 (n_prior_weights) * (그 레이어의 은닉 뉴런 개수)만큼의 가중치를 갖는다는 점이다. 하지만 합성곱 레이어의 경우, 주어진 하나의 슬라이스의 시각 영역 안에 존재하는 모든 뉴런들이 동일한 가중치 셋을 공유하기 때문에 가중치의 개수는 (n_prior_weights)*(이 레이어의 깊이)와 같다.

```
max_any_layer = n_pred ;          // 입력층을 포함하여 최댓값 할당
if (n_classes > max_any_layer)
  max_any_layer = n_classes ;     // 출력층을 포함하여 최댓값 할당

n_hid_weights = 0 ;
for (ilayer=0 ; ilayer<n_layers ; ilayer++) { // 각 은닉층마다
  if (nhid[ilayer] > max_any_layer)
    max_any_layer = nhid[ilayer] ;
  if (layer_type[ilayer] == TYPE_FC || layer_type[ilayer] == TYPE_
LOCAL)
    n_hid_weights += nhid[ilayer] * n_prior_weights[ilayer] ;
  else if (layer_type[ilayer] == TYPE_CONV)
    n_hid_weights += depth[ilayer] * n_prior_weights[ilayer] ;
  else if (layer_type[i] == TYPE_POOLAVG || layer_type[i] == TYPE_
POOLMAX)
    n_hid_weights += 0; //풀링 레이어는 훈련 가능한 가중치를 갖지 않는다.
} // ilayer 루프(각 은닉층마다 루프)

n_all_weights = n_hid_weights + n_classes * n_prior_weights[n_layers]
; // 출력층 추가
```

모든 활성화 탐색

trial_no_thr() 루틴은 어디서든 호출 가능하다. 이 루틴은 전향 전달을 하면서 모델 상의 모든 활성화를 계산해나간다. 여기서 복잡한 계산 수행을 하는 건 아니며, 단순히 각 레이어마다 그에 맞는 특수한 함수들을 호출한다.

```cpp
void model::trial_no_thr ( double *input)
{
  int i, ilayer ; double sum;

  for (ilayer=0 ; ilayer<n_layers ; ilayer++) {
    // 출력층을 포함하지 않는다 .
    if (layer_type[ilayer] == TYPE_LOCAL)
      activity_local_no_thr ( ilayer , input  ) ;
    else if (layer_type[ilayer] == TYPE_CONV)
      activity_conv_no_thr ( ilayer , input ) ;
    else if (layer_type[ilayer] == TYPE_FC)
      activity_fc_no_thr ( ilayer , input , 1 ) ;
    else if (layer_type[ilayer] == TYPE_POOLAVG || layer_type[ilayer]
== TYPE_POOLMAX)
      activity_pool_no_thr ( ilayer , input ) ;
  }

  activity_fc_no_thr ( n_layers , input , 0 ) ; // 출력층

  // 항상 SoftMax로 분류한다. 식(2.10)
  sum= 1.e-60 ;                    // 분모는 절대 0이 되선 안 된다.

  for (i=0 ; i<n_classes ; i++) {
    if (output[i] < 300.0)        // 드물지만 치명적인 상황에 대비한다.
      output[i] = exp ( output[i] ) ;
    else
      output[i] = exp ( 300.0 ) ;
    sum+= output[i] ;
  }

  for (i=0 ; i<n_classes ; i++)
    output[i] /= sum;
}
```

완전히 연결된 레이어의 활성화 계산

완전히 연결된 레이어의 활성화를 계산하는 일은 이 레이어상의 모든 뉴런이 이전 레이어의 모든 뉴런과 연결돼 있기 때문에 상대적으로 쉽다. 이동 윈도우의 위치라든지 이전 레이어의 외곽선을 넘어갔는지, 아니면 스트라이딩은 어떤지 등에 대해 걱정할 필요는 없다. 이러한 고려 사항들은 효율적으로 구현하기가 엄청나게 복잡하기 때문에 다루기 쉬운 부분부터 시작할 것이다.

input 파라미터는 의미를 착각할 수도 있을 만한 변수다. 첫 번째 은닉층을 지나간 레이어라면, 이 레이어에 전달되는 입력은 직접 이전 은닉층의 활성화 벡터로부터 가져오도록 한다. 이 변수의 경우, 계산 중인 레이어으로 전달되는 입력을 말하는 게 아니라, 모델에 전달되는 입력을 의미하며, 입력 이후의 첫 번째 레이어일 경우에만 사용된다.

```
void model::activity_fc_no_thr ( int ilayer , double *input , int
nonlin )
{
  int iin, iout, nin, nout ;
  double sum, *wtptr, *inptr, *outptr ;

  wtptr = layer_weights[ilayer] ;   // 현재 레이어에 대한 가중치

  if (ilayer == 0) {                // '이전 레이어 '가 입력 벡터인 경우
    nin = n_pred ;                  // 이 개수만큼의 요소들이 위 벡터에 존재
    inptr = input ;                 // 입력 포인터 할당
  }

  else { // 이전 레이어가 은닉층인 경우
    nin = nhid[ilayer-1] ;          // 은닉층 뉴런의 개수를 할당
    inptr = activity[ilayer-1] ;    // 이전 레이어의 활성화 포인터 할당

  }

  if (ilayer == n_layers) {         // 현재 레이어가 출력층인 경우
    nout = n_classes ;              // 각 클래스마다 하나의 출력 뉴런이 존재
    outptr = output ;               // 출력층 포인터 할당
```

```
    }

  else {                            // 은닉층인 경우
    nout = nhid[ilayer] ;           // 반드시 이 개수만큼의 활성화를 계산해야 함
    outptr = activity[ilayer] ;     // 활성화 포인터 할당
  }
  for (iout=0 ; iout<nout ; iout++) { // 각 활성화 계산
    sum= 0.0 ;
    for (iin=0 ; iin<nin ; iin++)     // 식 (2.1)
    sum+= inptr[iin] * *wtptr++ ;
    sum+= *wtptr++ ;

    // 바이어스
    if (nonlin) {                     // 비선형 은닉층; 출력층은 선형
      sum= exp ( 2.0 * sum ) ;        // 쌍곡선 탄젠트 함수
      sum= (sum- 1.0) / (sum+ 1.0) ;  // 식(2.4)
    }
    outptr[iout] = sum;
  }
}
```

지역적으로 연결된 레이어의 활성화 계산

먼저, 이전 레이어를 지역적으로 연결된 레이어에 연결하는 가중치가 어떤 순서로 정렬되는지 반드시 확실하게 이해하고 있어야 한다. 이 순서를 시각적으로 나타내자면, 다음과 같이 중첩 루프 구조로 표현할 수 있을 것이다.

현재 레이어 깊이
　현재 레이어 높이
　　현재 레이어 너비
　　　이전 레이어 깊이
　　　　이전레이어 높이
　　　　　이전 레이어 너비
　　　바이어스

현재 계산 중인 뉴런들의 깊이가 가장 느리게 변화하며, 그 다음으로 높이와 너비 순으로 이어진다. 너비 루프 안에서는 현재 레이어에서 단일 뉴런을 계산하기 위한 가중치 값을 가리키게 된다. 이 때, 가중치는 해당 뉴런을 이전 레이어와 연결시켜준다. 이렇게 이전 레이어의 가중치로 연산한 다음에 하나의 바이어스 항도 고려해서 계산을 마무리한다.

입력 파라미터는 전체 모델에 대한 입력을 의미하며, 입력층 직후의 첫 번째 레이어를 계산할 때만 사용된다.

```
void model::activity_local_no_thr ( int ilayer , double *input )
{

  int k, in_row, in_rows, in_col, in_cols, in_slice, in_slices,
iheight, iwidth, idepth ;
  int rstart, rstop, cstart, cstop ;
  double sum, *wtptr, *inptr, *outptr, x ;

if (ilayer == 0) {                // 첫 번째 은닉층인 경우
  in_rows = image_rows ;
  in_cols = image_cols ;
  in_slices = image_bands ;
  inptr = input ;                 // 모델의 입력 이미지가 입력이 됨
}

else {                            // 이전 레이어가 은닉층인 경우
  in_rows = height[ilayer-1] ;
  in_cols = width[ilayer-1] ;
  in_slices = depth[ilayer-1] ;
  inptr = activity[ilayer-1] ;  // 현재 레이어의 입력은 이전 레이어의 활성화
}

wtptr = layer_weights[ilayer] ; // 현재 레이어의 가중치 (위에서 설명한 순서로)
outptr = activity[ilayer] ;       // 계산된 활성화 값을 여기서 할당

k= 0 ;    // 이 코드는 계산된 활성화를 outptr 변수에 인덱싱하여 할당
for (idepth=0 ; idepth<depth[ilayer] ; idepth++) {
```

```
for (iheight=0 ; iheight<height[ilayer] ; iheight++) {
  for (iwidth=0 ; iwidth<width[ilayer] ; iwidth++) {
```

// 현재 레이어에서 (idepth, iheight, iwidth)에 위치한 뉴런들의 활성화 계산

이 부분에서는 상황이 조금 복잡해진다. 이제 현재 뉴런의 활성화를 계산할 때가 됐다. 현재 레이어의 시각 영역 안에 존재하는 현재 뉴런의 (iheight, iwidth)로 그 위치가 결정되는 이전 레이어의 사각 필터를 기반으로 연산을 수행한다. 수직/수평 방향으로 첫 번째 필터의 중심은 이전 레이어에 존재하는 HalfWidth-Pad에 위치하며, 이 첫 번째 사각 필터의 첫 번째 행/열은 -Pad에 위치한다. 이 위치는 패딩이 적용된 경우 0 패딩 영역 안에 놓여 있음을 의미한다. 명확하게 이해가 되지 않는다면, 두 개의 행과 하나의 열로 된 작은 1차원 그림을 직접 점을 찍어서 그려보길 바란다. 반드시 이해하고 넘어가야 한다!

이제는 현재 레이어에서 뉴런들의 활성화 계산에 기여하는 이전 레이어상의 사각 영역에 놓인 시작과 끝 행/열을 계산할 수 있다. -Pad 위치에서 연산을 시작하며, 스트라이드로 지정된 값 만큼씩 건너뛰면서, 현재 레이어를 위한 출력 값들을 계산한다. 그리고 HalfWidth의 두 배만큼 이동한 위치에서 멈춘다.

```
sum= 0.0 ;  // 필터 값을 합산하기 위한 변수
// 첫 번째 필터의 중심은 HalfWidth-Pad에 위치한다.
// 필터 연산의 시작은 -Pad부터 시작한다.
rstart = strideV[ilayer] * iheight - padV[ilayer] ;
rstop = rstart + 2 * HalfWidV[ilayer] ;
cstart = strideH[ilayer] * iwidth- padH[ilayer] ;
cstop = cstart + 2 * HalfWidH[ilayer] ;
```

이제 사각 필터 영역 안에서, 이전 레이어의 활성화 값에 가중치를 적용하여 합산하는 연산을 수행할 차례다. 필터가 이전 레이어에서의 모든 슬라이스들에 걸쳐서 합산한다는 점을 상기하자. 눈치가 빠른 독자들이나 그렇지 않은 독자들이라도, 이전 레이어의 외곽 영역을 0으로 패딩 처리하는 로직을 나가 비중은 적지만 상당히 비효율적으로 구현했다는 점을 느낄 수 있을 것이다. 행에 대한 테스트 결

과가 모든 열에 대해 동일할 것이기 때문에 아예 열 루프 바깥에서 처리되도록 구현할 수도 있었다! 하지만 나는 코드 흐름의 명확성을 위해 일부러 이렇게 구현한 것이다. 관심 있는 독자들은 손쉽게 이를 수정해보길 바란다. 또한 미리 사각 영역의 가장 자리 부분에 제약을 걸어서 테스트를 안해도 되게끔 할 수 있다. 그러나, 이는 가중치 처리를 매우 복잡하게 만들 수 있으며, 이렇게 되면 전혀 속도가 향상되지 못할 것이다.

```
for (in_slice=0 ; in_slice<in_slices ; in_slice++) {
  for(in_row=rstart ; in_row<=rstop ; in_row++) {
    for (in_col=cstart ; in_col<=cstop ; in_col++) {

      // 이 로직은 약간 비효율적이다.
      if (in_row >= 0 && in_row < in_rows && in_col >= 0 && in_col <
in_cols)
        x = inptr[(in_slice*in_rows+in_row)*in_cols+in_col] ;
      else // 시각 영역 밖인 경우로, 0으로 패딩된 영역에 있는 경우다 .
        x = 0.0 ;

      sum+= x * *wtptr++ ;  // 식 (2.1)

    }  // in_col 루프 종료
   }   // in_row 루프 종료
  } // in_slice루프 종료

  sum+= *wtptr++ ;               // 식 (2.1)의 바이어스
  sum= exp ( 2.0 * sum) ;        // 쌍곡선 탄젠트 활성화 함수
  sum= (sum- 1.0) / (sum+ 1.0) ; // 식 (2.4)
  outptr[k++] = sum;
  }  // iwidth 루프 종료
 }   // iheight 루프 종료
}    // idepth 루프 종료
}
```

합성곱 레이어의 활성화 계산

합성곱 레이어를 활성화하는 코드는 지역적으로 연결된 레이어를 활성화하는 코드와 거의 동일하다. 이는 합성곱 레이어상에서 주어진 슬라이스에 대해 시각 영역 안의 모든 뉴런들이 동일한 가중치 집합을 공유한다는 것이 이 두 레이어의 유일한 차이점이기 때문이다. 더욱 일반적인 형태의 지역적으로 연결된 레이어에서, 이러한 뉴런들은 모두 자기만의 가중치 집합을 갖게 된다.

그러므로 코드를 반복해서 수록할 필요는 없어 보인다. 그래도 나는 이들을 비교해보는 게 유익하다고 생각한다. 즉, 독자가 직접 이 책의 앞 뒤를 넘겨가면서 두 개의 알고리즘을 비교해보는 것이다. 곧바로 본론으로 들어가서, 가장 두드러지는 차이점들을 언급하고자 한다.

첫 번째로, 현재 합성곱 레이어에 이전 레이어를 이어주는 가중치의 순서가 어떤 식으로 매겨지는 지 다시 고려해보자. 이는 시각 영역 상의 모든 뉴런들에 대한 가중치들이 동일하기 때문에 높이와 너비가 생략된다는 점만 제외하면 지역적으로 연결된 레이어와 동일하다.

현재 레이어 깊이
　이전 레이어 깊이
　　이전 레이어 높이
　　　이전 레이어 너비
　바이어스

```
void model::activity_conv_no_thr ( int ilayer , double *input )
{
   int k, in_row, in_rows, in_col, in_cols, in_slice, in_slices,
iheight, iwidth, idepth ;
   int rstart, rstop, cstart, cstop ;
   double sum, *wtptr, *inptr, *outptr, x ;
```

```
if (ilayer == 0) {
  in_rows = image_rows ;
  in_cols = image_cols ;
  in_slices = image_bands ;
  inptr = input ;
}

else {
  in_rows = height[ilayer-1] ;
  in_cols = width[ilayer-1] ;
  in_slices = depth[ilayer-1] ;
  inptr = activity[ilayer-1] ;
}
```

여기서 첫 번째 차이점이 확인된다. 지역적으로 연결된 레이어에서는 wtptr를 현재 레이어의 가중치 벡터 값을 가리키도록 설정하며, 현재 레이어의 모든 뉴런들이 자신만의 가중치 셋을 갖기 때문에 다음에 나와 있는 idepth, iheight, iwidth 등으로 중첩된 루프를 통해 인덱싱을 증가시킨다. 하지만 합성곱 레이어에서는 각 슬라이스별로 가중치 셋을 갖게 되고, 하나의 슬라이스의 시각 영역 안에 존재하는 모든 뉴런들은 동일한 가중치를 갖는다.

```
outptr = activity[ilayer] ;

k= 0 ; // outptr 변수에서 계산된 활성화의 인덱스를 계산
for (idepth=0 ; idepth<depth[ilayer] ; idepth++) {
  for (iheight=0 ; iheight<height[ilayer] ; iheight++) {
    for (iwidth=0 ; iwidth<width[ilayer] ; iwidth++) {
      // 현재 레이어에서 (idepth, iheight, iwidth) 위치에 있는 뉴런의 활성화를 계산한다.
      // 현재 레이어의 시각 영역 안에 존재하는 모든 뉴런들은 동일한 가중치 값을 갖지만,
      // 각 슬라이스마다 서로 다른 가중치 셋이 사용된다.
```

여기에 또 다른 차이점이 있으며, 또 다시 가중치와 관련이 있다. 하나의 슬라이스에서 시각 영역 안에 존재하는 모든 뉴런들이 동일한 가중치 셋을 공유하기 때문에 우리는 반드시 각 행/열에 대한 가중치 포인터를 리셋해야 한다. 이 부분만 제외하면 나머지는 다시 동일해진다.

```
wtptr = layer_weights[ilayer] + idepth * n_prior_weights[ilayer] ;

sum= 0.0 ;
// 첫 번째 필터의 중심은 HalfWidth-Pad에 위치한다. 필터는 -Pad부터 시작한다.
rstart = strideV[ilayer] * iheight - padV[ilayer] ;

rstop = rstart + 2 * HalfWidV[ilayer] ;
cstart = strideH[ilayer] * iwidth- padH[ilayer] ;
cstop = cstart + 2 * HalfWidH[ilayer] ;

for (in_slice=0 ; in_slice<in_slices ; in_slice++) {
   for (in_row=rstart ; in_row<=rstop ; in_row++) {
      for (in_col=cstart ; in_col<=cstop ; in_col++) {

         // 이 로직은 약간 비효율적이며, CUDA 버전이 더 효율적으로 구현돼 있다.
         if (in_row >= 0 && in_row < in_rows && in_col >= 0 && in_col
< in_cols)
            x = inptr[(in_slice*in_rows+in_row)*in_cols+in_col] ;
         else
            x = 0.0 ;
         sum+= x * *wtptr++ ;
         } // in_col 루프 종료
      } // in_row 루프 종료
   } // in_slice 루프 종료

   sum+= *wtptr++ ;                 // 식 (2.1)의 바이어스 고려
   sum= exp ( 2.0 * sum) ;          // 쌍곡선 탄젠트 활성화 함수
   sum= (sum- 1.0) / (sum+ 1.0) ; // 식 (2.4)
   outptr[k++] = sum;
  } // iwidth 루프 종료
 } // iheight 루프 종료
} // idepth 루프 종료
}
```

풀링 레이어 활성화 계산

풀링 레이어의 가중치는 훈련 대상이 아니다. 지역적으로 연결된 레이어와 합성 곱 레이어처럼, 이 레이어는 이전 레이어 전체에 걸쳐서 윈도우를 이동시키면서 활성화 값들을 계산한다. 하지만 이전 레이어 윈도우 상의 활성화를 현재 레이어에 존재하는 뉴런들에 매핑하는 함수는 이미 정해져 있다. 풀링 레이어의 유일한 용도는 단지 최대한 기존 정보는 보존하면서 효율적으로 시각 영역을 감소시키는 것이다.

이 책에서는 두 가지 가장 인기 있는 종류의 풀링 레이어를 사용한다. 평균 풀링과 최대 풀링이 그것이다. 다른 종류도 있지만, 아직 그리 널리 사용되진 않고 있다. 이전에 소개된 레이어 종류에서와 마찬가지로 input 파라미터는 모델의 입력 이미지가 되며, 이는 첫 번째 은닉층이 풀링 레이어인 경우처럼 매우 한정적인 상황에서만 사용된다. 이번 코드는 먼저 앞서 소개된 레이어들처럼 필수적인 파라미터들을 받아들여서, 이전 레이어 활성화가 저장된 위치를 구한다.

```
void model::activity_pool_no_thr ( int ilayer , double *input )
{
   int k, in_row, in_rows, in_col, in_cols, in_slices, iheight, iwidth,
idepth ;
   int pwH, pwV, strH, strV, rstart, rstop, cstart, cstop ;
   double value, *inptr, *outptr, x ;

   pwH = PoolWidH[ilayer] ; // 풀링 너비
   pwV = PoolWidV[ilayer] ;
   strH = strideH[ilayer] ; // 스트라이드
   strV = strideV[ilayer] ;

   if (ilayer == 0) { // 첫 번째 은닉층 (풀링 레이어인 경우는 드물다)
     in_rows = image_rows ;
     in_cols = image_cols ;
     in_slices = image_bands ;
     inptr = input ;
   }

   else {
```

```
        in_rows = height[ilayer-1] ;
        in_cols = width[ilayer-1] ;
        in_slices = depth[ilayer-1] ;
        inptr = activity[ilayer-1] ;
    }
    outptr = activity[ilayer] ;    // 계산된 활성화 값을 출력 포인터에 할당
    k= 0 ; // 위 값을 담은 outptr벡터에서 인덱싱하기 위한 변수
    for (idepth=0 ; idepth<depth[ilayer] ; idepth++) { // 각 이전 레이어 슬라
이스를 순환
        for (iheight=0 ; iheight<height[ilayer] ; iheight++) {
          for (iwidth=0 ; iwidth<width[ilayer] ; iwidth++) {

            // 현재 레이어에서 (idepth, iheight, iwidth)에 위치한 뉴런들의 활성화 계산
            // 풀링 레이어는 패딩되지 않으므로, 패딩은 고려하지 않는다.
            // 이전 레이어의 시각 영역을 벗어났는지 체크하는 로직
            rstart = strV * iheight ;
            rstop = rstart + pwV - 1 ; cstart = strH * iwidth;
            cstop = cstart + pwH - 1 ;
```

우리가 적용해볼 수 있는 한 가지 풀링 방식은 단순하게 윈도우 안에 존재하는 활성화 값들의 평균을 취하는 것이다. 원래 이 방식이 가장 처음에 사용됐던 풀링 방식이었지만, 근래에는 거의 쓰이지 않는다.

```
if (layer_type[ilayer] == TYPE_POOLAVG) {
  value = 0.0 ;
  for (in_row=rstart ; in_row<=rstop ; in_row++) {
    for (in_col=cstart ; in_col<=cstop ; in_col++)
      value += inptr[(idepth*in_rows+in_row)*in_cols+in_col] ;
    } // in_row 루프 종료
  value /= pwV * pwH ;
}
```

앞서 언급했던 최대 풀링 방식은 현재 가장 널리 쓰이는 기법이다. 즉, 이전 레이어에서 윈도우 안에 들어온 모든 활성화 값들 중에서 최댓값을 취하는 것이다. 또한 poolmax_id 변수에 이 최대 활성화의 위치(윈도우 상에서)를 저장한다. 이는 나중에 델타 값을 역전파시키는 로직을 더욱 편리하게 구현하는 데 도움이 된다.

```
else if (layer_type[ilayer] == TYPE_POOLMAX) {
   value = -1.e60 ;

   for (in_row=rstart ; in_row<=rstop ; in_row++) {
      for (in_col=cstart ; in_col<=cstop ; in_col++) {
       x = inptr[(idepth*in_rows+in_row)*in_cols+in_col] ;
       if (x > value) {
         value = x ;
         poolmax_id[ilayer][k] = in_row * in_cols + in_col ;
         // 최대 ID 저장
         }
      } //in_col 루프
     } // in_row 루프
   }
   outptr[k++] = value ;  // 현재 활성화 저장

 }  // iwidth 루프
 }   // iheight 루프
 }   // idepth 루프
}
```

평가기준 값 계산

우리는 훈련 과정의 일부로써, 모델 파라미터들의 첫 훈련 시도용 데이터 셋을 이용해서 성능 평가 결과를 계산할 수 있도록, 규칙적으로 이 훈련 셋을 전체적으로 거쳐가면서 훈련시키길 원한다. 식 (2.11)을 이용할 것이다. 또한 수많은 개발자들은 훈련 알고리즘이 너무 큰 '최적의' 가중치를 도출하는 일이 없도록, 약간의 패널티를 부과하길 원한다. 이는 가중치가 클수록 과적합을 만들어낼 가능성이 높아지기 때문이다. 고급 훈련 알고리즘들을 이용할 때, 훈련 셋의 일부만 이용해서 성능을 평가해보고 싶을 수 있으며, 이것이 istart와 istop 파라미터를 이용하는 이유다. 다음은 평가기준 값을 계산하는 코드다.

```
double model::trial_error_no_thr ( int istart , int istop )
{
  int i, icase, imax, ilayer, ineuron, ivar, n_prior ;
  double err, tot_err, *dptr, tmax *wptr, wt, wpen ;

  tot_err = 0.0 ; // 전체 오차를 누적하는 변수

  for (icase=istart ; icase<istop ; icase++) {
  // 호출자가 요청하는 모든 케이스들을 수행
    dptr = database + icase * n_db_cols ; // 현재 케이스를 가리킨다.
    trial_no_thr ( dptr ) ;
    err = 0.0 ;
    tmax = -1.e30 ;
    imax = 0 ; // 불필요하므로 0으로 지운다.
    for (i=0 ; i<n_classes ; i++) {    // 최대 목표 값을 가지면 참 클래스
        //이는 단일 정수 클래스 ID를 이용하는 것보다 좀 더 일반적이다.
        //이렇게 하면 확률 값을 기반으로 클래스를 정의할 수 있다.
    pred[icase*n_classes+i] = output[i] ; // 다른 루틴을 위해 저장해둔다.
    if (dptr[n_pred+i] > tmax) {
        imax = i;
        tmax = dptr[n_pred+i] ;
      }
    }
  err = -log ( output[imax] + 1.e-30 ) ; // 30페이지의 식 (2.11)
  tot_err += err ;
} // 모든 클래스들을 대상으로 한 루프
```

위 코드에서 살펴볼 내용들이 많다.

- pred 변수에 모든 케이스들의 출력 결과를 저장한다. 이는 선택 사항이지만, 몇몇 특화된 성능 평가기준 루틴(예를 들면, 혼동confusion 행렬을 계산하는 루틴)은 오로지 모든 예측 결과를 생성하려는 목적으로 위와 같은 루틴을 호출할 수도 있다. 저장할 필요가 없다면, 그렇게 해라.

- 각 케이스에 대해 모든 대상들을 확인해서 가장 큰 값 하나를 찾아낸다. 이렇게 찾아낸 최댓값을 갖는 결과가 '참' 클래스가 된다. 이러한 모든 확인 작업은 매번 이 루틴이 호출될 때마다 반복되므로 비효율적이다(비록 일반적으로

trial_no_thr()을 호출함으로써 소모되는 시간에 비하면 낭비 되는 정도가 미미하지만). 여기서는 비효율적이지만 무슨 일들이 일어나는지 명확하게 알 수 있고, 참 클래스 확률 값이 진화evolve할 수도 있는 매우 고난도의 상황에서 이 루틴을 쓸 수 있도록 의도적으로 이렇게 구현해놓은 것이다. 대부분의 사용자들에겐, 클래스 멤버 변수들의 값들을 사전에 계산해놓는 게 가장 좋은 방법일 것이다. 사실 나중에 다루게 될 CUDA 버전의 코드도 이런 식으로 구현된다.

마지막 단계는 선택적으로 가중치 패널티를 구현하는 일이다. 간단한 구현 내용이지만, 여기에 수록하는 이유는 모델의 아키텍처를 강화하기 위함이다. 가장 중요하게 눈여겨볼 점은 바이어스를 강제로 작게 만드는 것이 활성화를 0 근처에 적절히 위치시키기 때문에 가중치 패널티에 바이어스를 포함시키지 않는 것이다. 어떤 개발자들은 바이어스를 포함시키고 싶을 것이다.

```
wpen = TrainParams.wpen / n_all_weights ;        // 가중치 개수로 정규화한다.
penalty = 0.0 ;
for (ilayer=0 ; ilayer<=n_layers ; ilayer++) { // 출력과 모든 은닉층 대상으로
  wptr = layer_weights[ilayer] ;
  n_prior = n_prior_weights[ilayer] ; // 하나의 뉴런 당

  if (ilayer == n_layers) {   // 출력 레이어
    for (ineuron=0 ; ineuron<n_classes ; ineuron++) {
      for (ivar=0 ; ivar<n_prior-1 ; ivar++) { // 패널티에 바이어스는 제외시킨다.
        wt = wptr[ineuron*n_prior+ivar] ;
        penalty += wt * wt ; // 패널티는 가중치 제곱의 합이다.
      }
    }
  }
  else if (layer_type[ilayer] == TYPE_FC) {    // 완전히 연결된 레이어
    for (ineuron=0 ; ineuron<nhid[ilayer] ; ineuron++) {
      for (ivar=0 ; ivar<n_prior-1 ; ivar++) { // 패널티에 바이어스 제외
```

```
      wt = wptr[ineuron*n_prior+ivar] ;
      penalty += wt * wt ;
     }
   }
  }

  else if (layer_type[ilayer] == TYPE_LOCAL) { // 지역적으로 연결된 레이어
    for (ineuron=0 ; ineuron<nhid[ilayer] ; ineuron++) {
      for (ivar=0 ; ivar<n_prior-1 ; ivar++) { // 패널티에 바이어스 제외
        wt = wptr[ineuron*n_prior+ivar];
        penalty += wt * wt ;
      }
    }
  }

  else if (layer_type[ilayer] == TYPE_CONV) {
      //CONV 레이어들을 대상으로, 각 깊이는 자신만의 가중치 셋을 갖지만,
      //시각 영역에 걸쳐서 모든 가중치들은 동일하다.
      for (ineuron=0 ; ineuron<depth[ilayer] ; ineuron++) {
        for (ivar=0 ; ivar<n_prior-1 ; ivar++) { // 패널티에 바이어스 제외
          wt = wptr[ineuron*n_prior+ivar] ;
          penalty += wt * wt ;
        }
      }
    }
  }
  penalty *= wpen ;
  return tot_err / ((istop - istart) * n_classes) + penalty ;
}
```

케이스와 클래스의 개수를 곱한 값으로 총 로그 발생 가능 확률 평가기준을 나눈
다는 점에 주목하자. 이렇게 할 필요는 없지만, 이러한 정규화를 해주면 사용자들
이 평가기준 값을 출력하기도 좋고 다른 어떠한 가중치 패널티와도 동격으로 두기
좋다.

그레디언트 계산

이제 다시 47페이지로 돌아가서 그레디언트 연산에 대한 일반적인 설명을 다시 검토해볼 시간이다. 코드를 검토해보면서 각 단계들을 따라가보자.

```
double model::grad_no_thr ( int istart , int istop )
{
  int i, j, icase, ilayer, nprev, imax, n_prior, ineuron, ivar ;
  double *dptr, error, *prevact, *gradptr, delta, *nextcoefs, tmax,
*wptr, *gptr, wt, wpen ;

  for (i=0 ; i<n_all_weights ; i++) // 그레디언트 값을 합산할 변수를 0으로 초기화
  gradient[i] = 0.0 ;      // 모든 레이어들을 한꺼번에 줄지어 처리

  error = 0.0 ;           // 전체 오차를 누적하여 반환할 변수를 초기화
  for (icase=istart ; icase<istop ; icase++) {
    dptr = database + icase * n_db_cols ;   // 현재 케이스를 가리키는 포인터

/*
오차 평가기준을 누적
*/

    trial_no_thr ( dptr ) ;  // Step 2: 모든 활성화를 계산
    tmax = -1.e30 ;
    imax = 0 ;       // 불필요함

    for (i=0 ; i<n_classes ; i++) {     // 최대 목표치를 갖는 참 클래스를 탐색
      // 이 방식이 확률 값을 클래스로 사용하기 때문에
      // 정수형 클래스 ID 보다 더욱 일반적으로 사용된다.

      if (dptr[n_pred+i] > tmax){
        imax = i;
        tmax = dptr[n_pred+i] ;
      }

      // 델타 값은 교차 엔트로피를 입력 i(logit)로 미분한 도함수(음의 값을 갖는)며,
      // 이 도함수의 최솟값을 구하는게 목표이므로 부호를 전환한다.
      // 이것이 3번째단계며, 계산된 델타 값은 this_delta 변수에 저장한다.
```

```
        this_delta[i] = dptr[n_pred+i] - output[i] ; // 식 (2.12)
    }

    error -= log ( output[imax] + 1.e-30 ) ;        // 식 (2.11)
/*
4단계 그레디언트의 출력값을 누적
*/
    if (n_layers == 0) {// 은닉층이 없다면
      nprev = n_pred ; // 출력층에 전달되는 입력 개수
      prevact = dptr ; // 현재 샘플을 가리킨다.
    }
    else {
      nprev = nhid[n_layers-1] ;          // 마지막 은닉층
      prevact = activity[n_layers-1] ;    // 출력층에 전달되는 레이어의 은닉 개수
    }
    gradptr = layer_gradient[n_layers] ; // 출력 그레디언트를 가리킨다.
    for (i=0 ; i<n_classes ; i++) {        // 모든 출력 뉴런들에 대해
      delta = this_delta[i] ;// 평가 함수를 logit으로 미분한 음의 값
      for (j=0 ; j<nprev ; j++)
        *gradptr++ += delta * prevact[j] ; // 식 (2.14)
        *gradptr++ += delta ;// 바이어스 활성화 값은 항상 1
    }


/*
은닉 그레디언트를 누적시킨다.
이 함수를 호출하면 this_delta에서 prior_delta로 델타 값을 역전파시키는 일도 한다. 그러므로
비록 풀링 레이어가 아무런 가중치를 갖지 않더라도 (고로 그레디언트도 없다) grad_no_thr_POOL을 호
출하는 것이다.
이 호출은 다른 호출들과 마찬가지 방식으로 델타 역전파를 수행한다.
*/
```

다음의 ilayer 루프는 5단계와 6단계에 해당하며, 이 단계들은 실질적인 연산 과정이라기보다는 마치 장부를 기록하는 것 같은단계에 더욱 가깝다. 아래 루프에서 grad_no_thr_XXX를 호출하는 내용은 7단계와 9단계에 해당하며, 마지막으로 8단계를 수행한다. CUDA 버전의 경우에도 이러한 단계들을 거치게 되며, 약간 순서를 재정렬해서 효율성을 개선시키고 있다.

```
for (ilayer=n_layers-1 ; ilayer>=0 ; ilayer--) { // 은닉층을 역방향으로 진행
  if (layer_type[ilayer] == TYPE_FC)
    grad_no_thr_FC ( icase , ilayer ) ;      // 7, 9단계
  else if (layer_type[ilayer] == TYPE_LOCAL)
    grad_no_thr_LOCAL ( icase , ilayer ) ; // 7, 9단계
  else if (layer_type[ilayer] == TYPE_CONV)
    grad_no_thr_CONV ( icase , ilayer ) ;   // 7, 9단계
  else if (layer_type[ilayer] == TYPE_POOLAVG || layer_type[ilayer]
== TYPE_POOLMAX)
    grad_no_thr_POOL ( ilayer ) ; // POOL 레이어는 가중치가 없지만, 델타 값을 역전파함

    for (i=0 ; i<nhid[ilayer] ; i++)    // 다음 레이어에 대한 델타 값 계산
      this_delta[i] = prior_delta[i] ; // 8단계
    } // 모든 레이어를 대상으로, 역방향으로 동작
  }    // 모든 케이스들을 대상으로 루프

  for (i=0 ; i<n_all_weights ; i++)
  gradient[i] /= (istop - istart) * n_classes ;
```

코드의 마지막 부분에서 볼 수 있듯이, 누적시킨 그레디언트 값을 케이스들과 클래스들의 개수로 나눈다. 이렇게 하는 건 선택사항이나, 수행 평가기준을 쓰기 적절한 정규화 형태로 만들어준다.

마지막 단계는 가중치 패널티를 계산하는 것이다. 이 부분은 이전 절에서 이미 논의했었지만, 여기서는 한 가지 더 추가적인 작업이 들어간다. 패널티 값이 각 가중치의 제곱을 합산한 결과이기 때문에 변화율을 의미하는 그레디언트의 경우, 이 값에서 패널티를 미분한 값을 뺀다.

```
wpen = TrainParams.wpen / n_all_weights ;
penalty = 0.0 ;
for (ilayer=0 ; ilayer<=n_layers ; ilayer++) { // 모든 은닉층과 마지막 출력층까지
  wptr = layer_weights[ilayer] ;
  gptr = layer_gradient[ilayer] ;
  n_prior = n_prior_weights[ilayer] ;

  if (ilayer == n_layers) {      // 출력층
    for (ineuron=0 ; ineuron<n_classes ; ineuron++) {
      for (ivar=0 ; ivar<n_prior-1 ; ivar++) { // 패널티에 바이어스 항은 제외
```

```
          wt = wptr[ineuron*n_prior+ivar] ;
          penalty += wt * wt ;
          gptr[ineuron*n_prior+ivar] -= 2.0 * wpen * wt ;
        }
      }
    }
    else if (layer_type[ilayer] == TYPE_FC) { // 완전히 연결된 레이어
      for (ineuron=0 ; ineuron<nhid[ilayer] ; ineuron++) {
        for (ivar=0 ; ivar<n_prior-1 ; ivar++) { // 패널티에 바이어스 항은 제외
          wt = wptr[ineuron*n_prior+ivar] ;
          penalty += wt * wt ;
          gptr[ineuron*n_prior+ivar] -= 2.0 * wpen * wt ;
        }
      }
    }
    else if (layer_type[ilayer] == TYPE_LOCAL) { // 지역적으로 연결된 레이어
      for (ineuron=0 ; ineuron<nhid[ilayer] ; ineuron++) {
        for (ivar=0 ; ivar<n_prior-1 ; ivar++) { // 패널티에 바이어스 항은 제외
          wt = wptr[ineuron*n_prior+ivar] ;
          penalty += wt * wt ;
          gptr[ineuron*n_prior+ivar] -= 2.0 * wpen * wt ;
        }
      }
    }

    else if (layer_type[ilayer] == TYPE_CONV) {  // 합성곱 레이어
      // CONV 레이어를 대상으로, 시각 영역에 걸쳐서 각 슬라이스의 가중치는 동일
      for (ineuron=0 ; ineuron<depth[ilayer] ; ineuron++) {
        for (ivar=0 ; ivar<n_prior-1 ; ivar++) { // 패널티에 바이어스 항은 제외
          wt = wptr[ineuron*n_prior+ivar] ;
          penalty += wt * wt ;
          gptr[ineuron*n_prior+ivar] -= 2.0 * wpen * wt ;
        }
      }
    }
  }
  penalty *= wpen ;
  return error / ((istop - istart) * n_classes) + penalty ; // 음의 로그
발생 가능 확률
}
```

완전히 연결된 레이어의 그레디언트

완전히 연결된 레이어는 윈도우를 이전 레이어 주위를 따라 이동시키는 것에 대해 고민할 필요가 없기 때문에 가장 간단하게 계산 가능한 그레디언트 알고리즘을 갖는다. 이전 레이어 안의 모든 뉴런들은 현재 레이어 안의 모든 뉴런들과 연결된다.

다음 코드에서 database와 n_db_cols 변수가 전역 변수라는 점에 주목하자.

```
void model::grad_no_thr_FC ( int icase , int ilayer )
{
  int i, j, nthis, nnext ;
  double *gradptr, delta, *prevact, *nextcoefs ;

  nthis = nhid[ilayer] ;        // 현재 은닉층의 뉴런들 개수 (높이 * 너비 * 깊이)
  if (ilayer == n_layers-1)   // 다음 레이어가 출력층인 경우
    nnext = n_classes ;         // 다음 레이어상의 뉴런들 개수
  else                          // 다음 레이어가 은닉층인 경우
    nnext = nhid[ilayer+1] ;

  if (ilayer == 0)   // 첫 번째 은닉층인 경우
    prevact = database + icase * n_db_cols ; // 현재 샘플을 가리킨다.
  else    // 현재 레이어 전에 하나 이상의 은닉층이 존재
    prevact = activity[ilayer-1] ;

  gradptr = layer_gradient[ilayer] ; // 현재 레이어에 대한 그레디언트를 가리킨다.
여기에 결과 값을 저장한다.
  nextcoefs = layer_weights[ilayer+1] ; // 다음 레이어에 대한 가중치를 받아온다.
```

이러한 모든 그레디언트 루틴들은(CUDA 버전은 예외) 7단계(델타 값 역전파) 이후에 9단계(그레디언트 연산)를 구현하여, 나중에 호출자가 8단계(prior_delta를 this_delta로 복사)를 수행할 수 있도록 해준다. 현재 레이어상에 존재하는 nthis개의 각 은닉 뉴런들은 개별적으로 처리된다. 이 루프 안에서 첫 번째 단계는 다음 레이어가 완전히 연결된 레이어인지 확인하는 것이다. 출력층이 항상 완전히 연결된 레이어라는 점을 상기하자. 완전히 연결된 레이어인 경우, 간단하게 식 (2.19)에 있는 합산을 수행한다. 즉, 그저 다음 레이어의 nnext개의 뉴런들을 거치면서 델타 값들을 더하면 된다.

```
for (i=0 ; i<nthis ; i++) {   // 현재 레이어의 각 뉴런들마다
  if (ilayer+1 == n_layers || layer_type[ilayer+1] == TYPE_FC) {
    delta = 0.0 ; // 단순히 합산
    for (j=0 ; j<nnext ; j++)
    delta += this_delta[j] * nextcoefs[j*(nthis+1)+i] ; // +1은 바이어스
항을 위한 값임
}
```

하지만 다음 레이어가 완전히 연결된 레이어가 아닌 경우, 어떤 레이어든 간에 델타 값을 역전파시키는 것은 단순히 모든 연결들을 더하는 일 정도가 아니라, 그보다 훨씬 더 복잡한 일이 된다. 즉, 이동 윈도우를 처리해야만 한다! 그러므로 이를 처리해줄 서브루틴을 호출한다. 이러한 작업을 수행하는 두 개의 루틴이 존재하며, 하나는 지역적으로 연결된 레이어나 합성곱 레이어를(즉, 풀링이 아닌), 다른 하나는 풀링 레이어를 위한 것이다. 이러한 두 개의 서브루틴들은 모든 델타 값들을 동시에 계산한다. 그러므로 우리는 단 첫 번째, 즉 i=0에 해당하는 루프 수행에서만 이들을 호출한다. 이후의 뉴런들에 대해서는, 단지 첫 번째 뉴런에 대해 계산해 놓았던 배열로부터 델타 값을 가져오기만 한다.

```
else if (i== 0) { // 모든 델타 값들을 한번에 계산할 것이다.
  if (layer_type[ilayer+1] == TYPE_LOCAL || layer_type[ilayer+1] ==
TYPE_CONV)
    compute_nonpooled_delta ( ilayer ) ;
  else if (layer_type[ilayer+1] == TYPE_POOLAVG || layer_
type[ilayer+1] == TYPE_POOLMAX)
    compute_pooled_delta ( ilayer ) ;
  delta = prior_delta[i] ;
}
else   // 첫 번째 뉴런을 지나간 경우
  delta = prior_delta[i] ;// 이미 델타 값을 위에서 계산했고 저장했다.
```

여기에 더해, 식 (2.19)를 완료하기 위해서 합산 결과에 활성화 함수의 도함수(식 (2.15))를 곱해야 한다.

prior_delta에 최종 결과를 저장한다.

```
delta *= 1.0 - activity[ilayer][i] * activity[ilayer][i] ; // 식 (2.15)
와 (2.19) 완료
prior_delta[i] = delta ;                          // 다음 레이어를 위해 저장해둔다.
```

마지막으로 식 (2.20)을 이용해서 그레디언트를 계산한다.

```
for (j=0 ; j<n_prior_weights[ilayer]-1 ; j++) // 아직 바이어스는 제외
  *gradptr++ += delta * prevact[j] ;         // 식 (2.20)

  *gradptr++ += delta ; // 바이어스 활성화는 항상 1
  } // 현재 은닉층의 모든 뉴런들을 대상으로 루프
}
```

지역적으로 연결된 레이어의 그레디언트

실질적인 수행 내용을 고려했을 때, 지역적으로 연결된 레이어의 그레디언트와 완전히 연결된 레이어의 연산 작업은 완전히 똑같다. 지금의 관심 대상은 지역적으로 연결된 레이어의 경우로, 이전 레이어와 현재 레이어 사이의 연결이 대부분 0이다. 즉, 각 윈도우 상에서 몇몇 가중치만 값을 갖는다. 이렇게 값을 갖는 몇 개의 가중치들을 처리할 수 있는 효과적인 방법이 존재한다는 게 중요한 사실이다.

이 코드의 대부분은 이전 절에서 다룬 내용과 상당부분 동일하므로 생략할 것이다. 루틴 초반에 차이가 나는 점이 있다면, 이번에는 이전 레이어의 각 차원별 크기가 필요하다는 점이다.

```
void model::grad_no_thr_LOCAL ( int icase , int ilayer )
{

  int j, k, nthis, nnext, idepth, iheight, iwidth;
  int in_row, in_col, in_slice, in_rows, in_cols, in_slices ;
  int rstart, rstop, cstart, cstop ;
  double *gradptr, delta, *prevact, *nextcoefs, x ;

  nthis = nhid[ilayer] ;      // 현재 은닉층 상의 뉴런 개수 (높이 * 너비 * 깊이)
  if (ilayer == n_layers-1)   // 다음 레이어가 출력층인 경우
```

```
    nnext = n_classes ;
  else
    nnext = nhid[ilayer+1] ;

  if (ilayer == 0) {
    prevact = database + icase * n_db_cols ;    // 현재 케이스를 가리킨다.
    in_rows = image_rows ;                       // 이 변수들도 전역 변수들이다.
    in_cols = image_cols ;
    in_slices = image_bands ;
  }

  else {
    prevact = activity[ilayer-1] ;
    in_rows = height[ilayer-1] ;
    in_cols = width[ilayer-1] ;
    in_slices = depth[ilayer-1] ;
  }
  gradptr = layer_gradient[ilayer] ;       // 현재 레이어의 그레디언트를 가리킨다.
  nextcoefs =layer_weights[ilayer+1] ;     // 다음 레이어의 가중치
```

이전 절에서 논의했던 완전히 연결된 레이어의 경우, 현재 레이어에 존재하는 모든 뉴런들을 거치면서 루프를 수행했었다. 반드시 각 차원별로 쪼개서 수행한다는 점만 제외하면 이번에도 동일하게 진행한다.

```
k= 0 ; // 현재 레이어에 존재하는 nhid[ilayer] 개의 뉴런들의 인덱싱을 위한 변수
for (idepth=0 ; idepth<depth[ilayer] ; idepth++) {
  for (iheight=0 ; iheight<height[ilayer] ; iheight++) {
    for (iwidth=0 ; iwidth<width[ilayer] ; iwidth++) {

//------------------------------------------------------------------
이번에는 3개의 루프가 중첩되어, 현재 레이어상의 모든 nhid[ilayer]개의 뉴런들을 거치면서 처리
작업을 수행한다. 다음 레이어에 연결된 모든 항들을 합산하여 현재 뉴런들의 델타 값 계산을 수행한다.
//------------------------------------------------------------------
```

완전히 연결된 레이어와 마찬가지로 다음 레이어 안의 모든 뉴런들에 대하여 합산을 수행한다. 하지만 지역적으로 연결된 레이어나 합성곱 레이어의 경우, 반드시모든 델타 값들을 계산하는 특수한 서브루틴들을 호출해야 한다.

```
if (ilayer+1 == n_layers || layer_type[ilayer+1] == TYPE_FC) {
  // 단순한 경우
  delta = 0.0 ;
  for (j=0 ; j<nnext ; j++)
    delta += this_delta[j] * nextcoefs[j*(nthis+1)+k] ;
  }

else if (idepth == 0 && iheight == 0 && iwidth== 0) { // 모든 델타 값들 계산
  if (layer_type[ilayer+1] == TYPE_LOCAL ||
      layer_type[ilayer+1] == TYPE_CONV)
    compute_nonpooled_delta ( ilayer ) ;
  else if (layer_type[ilayer+1] == TYPE_POOLAVG ||
           layer_type[ilayer+1] == TYPE_POOLMAX)
    compute_pooled_delta ( ilayer ) ;
  delta = prior_delta[k] ;
  }
else

delta = prior_delta[k] ;  // 이미 바로 위에서 계산되어 저장돼 있음
// 이 시점에서 (idepth, iheight, iwidth)에 위치한 현재 레이어의 은닉 뉴런
// k의 델타 값은 평가기준을 이 은닉 뉴런의 출력으로 미분한 값이다.
// 입력을 이 뉴런에 대한 미분으로 만들기 위해 활성화 함수의 미분으로 곱한다.
// 개개의 k번째 뉴런에 대해서 한 번만 곱한다는 점에 주목하자.

delta *= 1.0 - activity[ilayer][k] * activity[ilayer][k] ;// 식 (2.15)
과 식 (2.19) 수행 완료
prior_delta[k] = delta ;   // 다음 레이어에서 사용하기 위해 저장해둔다.
      // 이제 델타 값은 평가기준을 k번째 뉴런에 전달되는 알짜 입력으로 미분한 값이다.
```

그레디언트를 구하기 위해서, 식 (2.20)을 이용한다. 이전 레이어에 존재하는 현재 뉴런의 사각 영역의 위치를 계산하기 위한 방법은 60페이지에서 설명했던, 뉴런 활성화를 계산하는 방법과 정확히 동일하므로, 여기서는 생략할 것이다. 그레디언트 벡터의 레이아웃과 하나의 레이어에 존재하는 뉴런의 순서에 대해 재검토해보 길 바란다.

또한, 이번 코드에서도 모든 열마다 열의 경계를 불필요하게 검사함으로써 효율성은 떨어지지만, 명확하게 내용을 이해할 수 있는 방식을 사용한다. 이로 인해 늘어나는 연산 시간은 전체 계산 시간에 비하면 미미하지만 독자들이 원한다면 마음껏 수정해도 좋다. 나중에 다루게 될 CUDA 코드에서는 이런 작업을 효율적으로 처리하도록 구현한다.

```
//----------------------------------------------------------------
평가기준을 현재 뉴런으로 전달되는 n_prior_weights에 대해
미분한 결과를 구하기 위해 델타와 가중치에 전달되는
해당 입력을 곱한다.
//----------------------------------------------------------------

// 첫 번째 필터의 중심 위치 = HalfWidth-Pad; -Pad에서 필터 시작
rstart = strideV[ilayer] * iheight - padV[ilayer] ;
rstop = rstart + 2 * HalfWidV[ilayer] ;
cstart = strideH[ilayer] * iwidth- padH[ilayer] ;
cstop = cstart + 2 * HalfWidH[ilayer] ;

for (in_slice=0 ; in_slice<in_slices ; in_slice++){
   for (in_row=rstart ; in_row<=rstop ; in_row++) {
     for (in_col=cstart ; in_col<=cstop ; in_col++) {
       // 이 로직은 약간 비효율적이다.
       if (in_row >= 0 && in_row < in_rows && in_col >= 0 && in_col <
in_cols)
         x = prevact[(in_slice*in_rows+in_row)*in_cols+in_col];
       else
         x = 0.0 ;
       *gradptr++ += delta * x ;
       }     // 이전 레이어의 모든 열들을 루프
     }       // 이전 레이어의 모든 행들을 루프
   }         // 이전 레이어의 모든 슬라이스들을 루프
   *gradptr++ += delta ;   // 바이어스 활성화는 항상 1
   ++k;
   } // 현재 은닉층에서의 너비 크기
 } // 현재 은닉층에서의 높이 크기
} // 현재 은닉층에서의 깊이 크기
}
```

합성곱 레이어의 그레디언트

합성곱 레이어의 그레디언트를 계산하는 코드는 지역적으로 연결된 레이어에서 계산하는 내용과 거의 유사하다. 한 가지 차이가 있다면, 지역적으로 연결된 레이어의 경우 모든 은닉 뉴런에 대해서 개별적으로 가중치를 설정한다는 점이다. 즉, gradptr을 전체 처리 대상 벡터의 일부를 범위로 잡아서, 그 시작 인덱스부터 설정한 뒤, 이 인덱스를 하나씩 증가 시킨다. 하지만 합성곱 레이어는 주어진 슬라이스의 시각 영역 안에서 모든 뉴런들에 대해, 동일한 값으로 가중치를 설정한다. 그러므로 현재 슬라이스에 따라서 시각 영역 안에서 매번 새로운 뉴런들을 처리할 때마다 gradptr을 리셋시킨다. 여기서 문맥상 나타나는 차이점이 존재한다. 구현 코드에서 나머지 모든 부분들은 두 레이어가 동일하기 때문에 생략하겠다.

```
delta *= 1.0 - activity[ilayer][k] * activity[ilayer][k] ; // 식 (2.15)
와 식 (2.19)의 계산 완료
prior_delta[k] = delta ; // 다음 레이어를 위해 저장해둔다.
        // 델타는 평가기준을 k번째 뉴런에 전달되는 알짜 입력으로 미분한 값이다.


// -------------------------------------------------------------
  평가기준을 현재 뉴런으로 전달되는 n_prior_weights 으로 미분한 값을 구하기 위해,
  델타 값과 가중치로 전달되는 해당 입력을 곱한다.
//-------------------------------------------------------------

// 현재 레이어의 가중치 값들은 시각 영역의 모든 뉴런들에 대해 동일하다.
// 하지만 현재 레이어 안의 각 슬라이스들은 저마다 서로 다른 가중치 셋이 사용된다.
// 아래 행은 지역적으로 연결된 레이어를 구현한 코드와 유일한 차이점에 해당한다.
gradptr = layer_gradient[ilayer] + idepth * n_prior_weights[ilayer] ;

// 첫 번째 필터의 중심 위치 = HalfWidth-Pad; -Pad에서 필터 시작
rstart = strideV[ilayer] * iheight - padV[ilayer] ;
rstop = rstart + 2 * HalfWidV[ilayer] ;
cstart = strideH[ilayer] * iwidth- padH[ilayer] ;
cstop = cstart + 2 * HalfWidH[ilayer] ;
```

풀링 레이어의 그레디언트(존재하지 않는다!)

일반적인 그레디언트 연산을 다뤘던 이전 절(72페이지)을 공부했다면, grad_no_thr_POOL() 서브 루틴이 사용된 걸 봤을 것이다. 겉으로 보기엔, 풀링 레이어가 고정된 기능을 해서 훈련 가능한 가중치나 그레디언트를 갖지 않기 때문에 이런 루틴은 다소 세련되지 못한 구현 같다. 그럼에도 이 레이어가 하나의 기능적 레이어이기 때문에 전향forward 활성화와 델타 역전파 등의 역할을 수행한다. 마지막 몇몇 절에서 다뤘었던 일련의 특수한 루틴들은 모두 두 가지 임무를 수행한다. 바로, 델타 값의 역전파와 그레디언트 계산이다. 이를 계산하기 위해서 구조체를 활용하여 데이터를 보존시키는데, 나는 오직 역전파 임무만 수행하는 grad_no_thr_POOL()을 포함시켰다.

여기에 이 루틴에 대한 코드를 보여줄 필요는 없는 것 같다. 근본적으로, 이 루틴은 지역적으로 연결된 레이어와 합성곱 레이어를 처리하는 두 개의 루틴들 중 첫 번째 파트에 해당한다. 이 루틴은 단지 앞에서 본 것처럼 역전파를 위한 구성 작업을 수행하고, 계산 중인 존재하지 않는 그레디언트 이전에 멈춘다. 당연히, 내 홈페이지에서 이 코드를 다운로드할 수 있다.

풀링 레이어를 제외한 델타 값 역전파

마지막 몇몇 절을 통해 살펴봤던 특수한 그레디언트 계산 루틴들은 다음 레이어가 완전히 연결된 레이어인 간단한 상황인 경우, 곧바로 델타 값을 역전파시킨다. 하지만 다른 종류의 레이어들은 특수한 역전파 루틴을 호출한다. 지역적으로 연결된 레이어나 합성곱 레이어를 처리하는 루틴을 이번 절에서 다룬다.

이번 알고리즘에는 어찌보면 혼란스럽게 느껴질 수도 있는 데, 바로 루프의 중첩 순서가 뒤바뀐다. 식 (2.19)를 다시 검토해보면서 필요하다면 이 식에서 처리하는 역전파 방식에 대해 논의하는 내용들을 다시 공부해보길 바란다. 현재 레이어상에서 주어진 뉴런들에 대해, 다음 레이어로 이어지는 연결들을 따라 합산이 수행된다. 하지만 지금 쯤이면 독자들도 활성화나 그레디언트 연산에 대해 설명한 절들을 공부하면서 명확하게 이해하고 있어할 부분으로써, 하나의 뉴런을 이전 레이어에서 이 뉴런과 관련된 사각 영역을 이어주는 연결이 정의돼 있다. 하나의 주어진 뉴런에 대해, 이전 레이어에 존재하는 뉴런들과 연결된 이 뉴런을 정의하는 건 간단한 일이다. 반면에, 주어진 레이어에서 다음 레이어로 이어지는 연결을 정의하는 건 꽤 어려우며 계산하기도 비효율적일 수 있다. 그런데 안타깝게도, 식 (2.19)를 구현하려면 딱 이런 일을 해줘야만 한다.

이러한 문제를 해결하기 위해, 이 방정식의 합산 순서를 역순으로 뒤집어서 반드시 모든 델타 값들을 동시에 계산한다. 다시 말하면, 시작에 앞서 모든 델타 값들을 0으로 만들게 된다. 그러면 다음 레이어에 존재하는 뉴런들을 처리하는 바깥(외곽) 루프 안에 현재 레이어에 존재하는 뉴런들을 처리하는 루프가 동작하는 구조를 만든다. 개개의 연결을 처리하면서, 이 연결과 관련된 델타 값을 갱신한다. 그러면, 식 (2.19)의 합산 과정은 여러 부분으로 나뉘어져서 누적된다. 바라건데, 이 설명이 독자로 하여금 코드를 공부하는 데 더 명확한 이해를 할 수 있도록 도움이 됐으면 한다.

```
void model::compute_nonpooled_delta ( int ilayer )
{

  int i, next_row, next_col, next_slice, next_rows, next_cols, next_
slices ;
  int this_slices, this_rows, this_cols, idepth, iheight, iwidth;
  int hwH, nH, hwV, nV, pdH, pdV, rstart, rstop, cstart, cstop, strH,
strV, k_this, k_next ;
  double *wtptr ;

  for (i=0 ; i<nhid[ilayer] ; i++)// 시작 전에 모든 델타 값들을 0 으로 설정한다.
    prior_delta[i] = 0.0 ;
    hwH = HalfWidH[ilayer+1] ;
    nH = 2 * hwH + 1 ;
    hwV = HalfWidV[ilayer+1] ;
    nV = 2 * hwV + 1 ;
    strH = strideH[ilayer+1] ;
```

```
    strV = strideV[ilayer+1] ;
    pdH = padH[ilayer+1] ;
    pdV = padV[ilayer+1] ;

    this_rows = height[ilayer] ;
    this_cols = width[ilayer] ;
    this_slices = depth[ilayer] ;

    next_rows = height[ilayer+1] ;
    next_cols = width[ilayer+1] ;
    next_slices = depth[ilayer+1] ;
```

/*

ilayer번째 레이어에 존재하는 뉴런과 다음 레이어에 존재하는 뉴런들을 이어주는 모든 가능한 연결들에 걸쳐서 루프를 수행한다. 역방향으로 순환을 돌면서 식 (2.19)를 계산한다. 이 방정식에서, 현재 레이어에 존재하는 뉴런을 하나 선택해서 다음 레이어로 이어지는 연결들을 따라서 루프를 돈다. 하지만 여기서는 다음 레이어에 존재하는 뉴런을 선택하고 현재 레이어 (즉, 다음 레이어의 이전 레이어에 해당)에 걸쳐서 루프를 돈다.

*/

```
    k_next= 0 ;  // 다음 레이어에 존재하는 모든 뉴런들에 걸쳐서 인덱싱을 해줄 변수
    for (next_slice=0 ; next_slice<next_slices ; next_slice++) {
      for (next_row=0 ; next_row<next_rows ; next_row++) {
        for (next_col=0 ; next_col<next_cols ; next_col++) {
```

이제 '다음' 레이어를, '현재' 레이어의 '이전' 레이어와 연결해주는 가중치를 가리키도록 한다. 합성곱 레이어는 주어진 슬라이스의 시각 영역에 존재하는 모든 뉴런들에 대해서 동일한 가중치를 지정하는 반면, 지역적으로 연결된 레이어는 각 뉴런마다 서로 다른 가중치를 지정한다.

```
if (layer_type[ilayer+1] == TYPE_CONV)
  wtptr = layer_weights[ilayer+1] + next_slice * n_prior_
weights[ilayer+1] ;
else if (layer_type[ilayer+1] == TYPE_LOCAL)
  wtptr = layer_weights[ilayer+1] + k_next * n_prior_weights[ilayer+1]
;
else
  wtptr = NULL ;  // 꼭 필요하진 않으나 없으면 종종 컴파일 에러가 발생한다.
```

여기 오래 전부터 친숙하게 알아왔던 사각 경계가 있다. 또한 예전처럼 행을 검사하는 코드는 양이 방대하고 비효율적이지만 명확하게 이해하기 쉽도록 구현돼 있다. 아마도 까다로운 독자들은 이 코드를 직접 손보고 싶어할 것이다. 당연히 CUDA 기반으로 구현하면 더 좋은 성능을 낼 수 있다.

```
// 첫 번째 필터의 중심은 HalfWidth-Pad이다. 필터는 -Pad에서 시작한다.
rstart = strV * next_row - pdV ;
rstop = rstart + 2 * hwV ;
cstart = strH * next_col - pdH ;
cstop = cstart + 2 * hwH ;

for (idepth=0 ; idepth<this_slices ; idepth++) {
  for (iheight=rstart ; iheight<=rstop ; iheight++) {
    for (iwidth=cstart ; iwidth<=cstop ; iwidth++) {

      if (iheight >= 0 && iheight < this_rows &&
        iwidth>= 0 && iwidth< this_cols) {
        k_this = (idepth * this_rows + iheight) * this_cols + iwidth;
        prior_delta[k_this] += this_delta[k_next] * *wtptr++ ;
        }

      else
        ++wtptr ;
      }  // iwidth 루프 끝
    }    // iheight 루프 끝
  }      // idepth 루프 끝

  ++k_next ;

  }  // next_col 루프 끝
 }   // next_row 루프 끝
}    // next_slice 루프 끝
```

바라건데, 역방향 루프 개념이 명확하게 이해가 됐기를 바란다. 한 번에 하나의 뉴런을 골라내서 다음 레이어에 걸쳐서 식 (2.19)를 합산하는 대신, 다음 레이어에서 한 번에 하나의 합계를 골라서, 이 항이 속해 있는 특별한 합산을 계산한다(k_ this). 이 방법은 복잡한 로직을 필요로 하기 때문에 개개의 단순한 합산 연산 수행보다 훨씬 더 비 효율적이다.

풀링 레이어의 델타 역전파

풀링 레이어에서 델타 값을 연전파할 때, 앞서 비-풀링 레이어에서 수행했던 것처럼 동일한 역방향 루프 순환을 수행한다. 사실, 이번에 구현되는 연산 과정은 이전 절에서 제시했던 연산 과정과 매우 유사하다. 풀링 레이어의 경우 결코 패딩 처리를 하지 않기 때문에(적어도 나는 그렇다!), 이전 레이어의 시각 영역에 있는 외곽선에 걸쳐서 뻗어 있는 사각 영역에 대한 체크를 할 필요가 없으므로 모든 델타 값들을 0으로 만들어서 처리를 시작하고 나중에 참조하게 될 몇몇 상수 값들을 가져오면 되므로, 이전보다는 다소 처리 과정이 간단해지는 측면이 있다.

```
void model::compute_pooled_delta ( int ilayer )
{
  int i, pwH, pwV, next_row, next_col, next_slice, next_rows, next_
cols, next_slices ;
  int this_slices, this_rows, this_cols, iheight, iwidth;
  int rstart, rstop, cstart, cstop, strH, strV, k_this, k_next ;
  double wt ;

  for (i=0 ; i<nhid[ilayer] ; i++)
    prior_delta[i] = 0.0 ;

  pwH = PoolWidH[ilayer+1] ; // 다음 레이어에서의 풀링 필터 너비
  pwV = PoolWidV[ilayer+1] ;
  strH = strideH[ilayer+1] ;
  strV = strideV[ilayer+1] ;

  this_rows = height[ilayer] ;
  this_cols = width[ilayer] ;
  this_slices = depth[ilayer] ;

  next_rows = height[ilayer+1] ;
```

```
next_cols = width[ilayer+1] ;
next_slices = depth[ilayer+1] ;
```

이전 절에서 했던 것처럼, 바깥 루프는 식 (2.19)에서의 안쪽 루프가 될 것이다. k_next 카운터는 다음 레이어에 존재하는 뉴런들(고로 this_delta도 해당)을 인덱싱하는 역할을 한다.

```
k_next= 0 ;  // 다음 레이어에 존재하는 모든 뉴런들을 인덱싱한다.
for (next_slice=0 ; next_slice<next_slices ; next_slice++) {
  for (next_row=0 ; next_row<next_rows ; next_row++) {
    for (next_col=0 ; next_col<next_cols ; next_col++) {
```

이 풀링 레이어의 타입이 '평균 풀링'이라면, 경계 사각 영역을 찾아내서 그 안에 있는 모든 연결을 처리한다. 주목할 것은 여기서 사각 영역이 지역적으로 연결된 레이어나 합성곱 레이어의 경우보다 상당히 단순하다는 점이다. 이는 패딩이 적용되지 않기 때문이다. 또한 활성화를 계산하는 데 효과적으로 사용되는 가중치 변수 wt 를 계산한다. 풀링된 평균을 계산할 때, 합산한 값을 이 합산에 적용된 뉴런들의 개수로 나눈다는 점을 꼭 상기하자.

또한 wt 변수의 값이 상수 값이라는 점도 중요하다. 나는 대개 확실하다고 보이는 부분에 곱셈 코드를 넣었다. 하지만 여러 개의 중첩 루프들 저 안쪽에 모든 곱셈 연산 코드를 넣는 것은 다소 비효율적이다. 이러한 곱셈 코드를 지우고 모든 루프 밖에서 prior_delta 변수에 이를 처리하도록 구현하고 싶어하는 독자들도 여러 명 있을 것이다.

```
if (layer_type[ilayer+1] == TYPE_POOLAVG){
  wt = 1.0 / (pwH * pwV) ;
  rstart = strV * next_row ;
  rstop = rstart + pwV - 1 ;
  cstart = strH * next_col ;
  cstop = cstart + pwH - 1 ;

  for (iheight=rstart ; iheight<=rstop ; iheight++) {
    for (iwidth=cstart ; iwidth<=cstop ; iwidth++) {
      k_this = (next_slice * this_rows + iheight) * this_cols +
```

```
iwidth;
      prior_delta[k_this] += this_delta[k_next] * wt ;
   }      // iwidth 루프
 }        // iheight 루프
}          // POOLAVG인 경우
```

이제는 최대 풀링 값을 찾아낸다. 이러한 풀링 타입에서는 각 이전 레이어마다
윈도우 안의 뉴런들을 체크해나가면서 최대 활성화를 갖는 뉴런을 찾아낸다. 이
부분은 55페이지에서 시작하는 절에서 논의했었다. 활성화 함수가 이 최댓값
을 차지하는 뉴런의 인덱스를 저장했었다. 이제는 이렇게 저장한 값을 활용해서,
iheight 인덱스와 iwidth 인덱스로 각각 행과 열에 해당하는 인덱스를 계산한다.
이 연결은 그저 값을 그대로 복사하는 것이기 때문에 '가중치'값은 1.0이 된다. 사
각 영역 안의 다른 모든 뉴런들의 가중치는 0이 된다.

```
else if (layer_type[ilayer+1] == TYPE_POOLMAX) {
   iheight = poolmax_id[ilayer+1][k_next] / this_cols ;
   iwidth= poolmax_id[ilayer+1][k_next] % this_cols ;
   k_this = (next_slice * this_rows + iheight) * this_cols + iwidth;
   prior_delta[k_this] += this_delta[k_next] ; // 가중치는 1
   }

   ++k_next ;
 }  // next_col 루프
 }    // next_row 루프
 }      // next_slice 루프
}
```

멀티 스레딩 기반 그레디언트 연산

내 홈페이지에서 다운로드할 수 있는 소스 코드에는 평가기준 및 그레디언트 연
산을 모두 스레드 기반으로 구현한 버전이 포함돼 있다. 이 코드들은 모두 MOD_
THR.CPP 안에 구현돼 있다. 하지만 평가기준 연산을 구현한 코드는 단지 그레디
언트 계산 알고리즘의 일부분이므로, 여기서는 그레디언트 부분만 다룰 것이다.

멀티스레드 연산을 단일 스레드 기반의 코드보다 더욱 어렵게 만드는 한 가지 원인은 스레드 기반의 루틴이 실행될 때, 이 루틴에 단 하나의 파라미터만 전달할 수밖에 없다는 것이다. 그러므로 이를 적절히 처리할 수 있도록 만들어주는 게 좋을 것이다. 일반적인 방법은 해당 루틴이 필요로 하는 모든 것들을 포함시키도록 자료 구조를 정의해서 필요한 정보들을 여기에 채워넣는 것이다. 그런 다음에 이 자료구조의 포인터 변수를 매개변수로 전달해서 위와 같은 한계에도 문제가 없도록 하는 것이다.

비록 스레드 모드로 클래스 맴버 함수를 실행하는 것도 가능하지만 이 방법은 광범위한 코드 영역을 지저분하게 만든다. 그러므로 나는 항상 모든 함수들이 독립적으로 동작하도록 필요한 정보들을 모두 하나의 커다란 파라미터 리스트로 엮어서 매개변수로 전달하는 식으로, 조금 오래된 방식이나 좀 더 안전한 방법을 택한다. 이렇게 하면 코드적으로는 지저분해지지만 향후에 디버깅하기조차 겁나는 이상한 런타임 에러에 처하게 되는 상황을 피할 수 있다.

아래는 그레디언트 연산에 필요한 모든 인자들을 담은 자료구조를 보여준다. 최대한 오해의 소지를 막기 위해, 클래스 이름을 동일하게 만들었다.

```
typedef struct {
  int istart ;                // 배치 상에서 첫 번째 케이스의 인덱스
  int istop ;                 // 마지막 케이스의 인덱스
  int n_all_weights ;         // 바이어스 항 및 최종 레이어 가중치들을 포함
  double *gradient ;          // 'n_all_weights'개의 그레디언트; 가중치 값들과 매칭됨
  int n_layers ;              // 은닉층의 개수; 입력 또는 출력층은 제외함
  int *layer_type ;           // 각 레이어의 타입
  double *output ;            // 계산된 출력값들을 가리키는 포인터 변수
  double **activation ;       // 각 레이어에 대한 활성화 벡터; ilayer>0일 때만 사용
  int *HalfWidH ;             // 이전 레이어를 바라보는 수평 절반 너비
  int *HalfWidV ;             // 수직 절반 너비
  int *padH ;                 // 수평 패딩; 절대로 절반 너비를 넘어서면 안 된다.
  int *padV ;                 // 수직 패딩
  int *strideH ;              // 수평 스트라이드 크기
  int *strideV ;              // 수직 스트라이드 크기
  int *PoolWidH ;             // 이전 레이어를 바라보는 수평 절반 너비
  int *PoolWidV ;             // 이전 레이어를 바라보는 수직 절반 너비
```

```
    double **layer_weights ;          // 'weight' 벡터에서 각 레이어의 가중치를 가리키
는 포인터
    double **layer_gradient ;         // '그레디언트' 벡터에서 각 레이어의 그레디언트를 가
리키는 포인터
    int *height ;    // 현재 레이어의 하나의 슬라이스에서 수직으로 나열되는 뉴런들의 개수
    int *width ;     // 수평으로 나열되는 경우의 개수
    int *depth ;     // 현재 레이어에 존재하는 슬라이스의 개수
    int *nhid ;      // 현재 레이어에 존재하는 모든 뉴런 개수 = H * W * D
    double *this_delta ;       // 그레디언트 연산을 위한 초기 벡터
    double *prior_delta ;      // 이전 델타
    int **poolmax_id ;         // POOLMAX 레이어의 경우에만 사용; 최댓값의 ID를 저장
    int *n_prior_weights ;     // 각 뉴런마다 이전 레이어로 전달되는 입력의 수(바이어스 포함)
    double error ;             // 성능 평가기준은 이 변수로 반환된다.
} GRAD_PARAMS ;
```

이 자료 구조의 각 변수들마다 데이터가 채워진 다음에는 하나의 스레드가 아래와
같은 루틴을 실행한다. 명확한 이해를 돕기 위해, 중요도가 낮은 파라미터들은 수
록하지 않았다. 여기서 눈여겨 볼 점은 이 루틴이 단 하나의 파라미터인 dp를 가지
며, 실질적으로 작업을 처리해주는 batch_grad() 루틴을 호출한다는 점이다. 이
루틴은 근본적으로는 72페이지의 grad_no_thr() 루틴과 동일하다. 한 가지 차이
가 있다면, 이 루틴은 모델 변수들을 개별적으로 받아오는 대신, 모든 정보들은 하
나의 커다란 파라미터 리스트로 전달받는다는 점이다(사실은 읽기-전용의 여러 가지
전역 변수들을 가리키고 있다. 자세한 내용은 MOD_THR.CPP를 참조하자. 코드 내용은 직관적
으로 이해할 수 있는 수준이다).

```
static unsigned int __stdcall batch_grad_wrapper ( LPVOID dp )
{
   ((GRAD_PARAMS *) dp)->error = batch_grad(
      ((GRAD_PARAMS *) dp)->istart ,
      ((GRAD_PARAMS *) dp)->istop ,
      ((GRAD_PARAMS *) dp)->n_all_weights ,
...
      ((GRAD_PARAMS *) dp)->poolmax_id ,
      ((GRAD_PARAMS *) dp)->n_prior_weights ) ; return 0 ;
}
```

이는 이러한 멀티스레딩 표현의 기본이 되는 요소를 가져오게 한다. 다수의 스레드들을 동시에 실행시킴으로써 그레디언트 값을 계산하는 모델 멤버 함수는 다음과 같다. 첫 번째 단계는 자료 구조 안에 최대한 많은 정보들을 채워넣는 것이다.

```
double model::grad_thr ( int jstart , int jstop )
{
  int i, nc, ret_val, ithread, n_threads, n_in_batch, n_done, istart,
istop ;
  int ilayer, ineuron, ivar, n_prior ;
  double error, wpen, wt, *wptr, *gptr ;
  GRAD_PARAMS params[MAX_THREADS] ;
  HANDLE threads[MAX_THREADS] ;

  nc = jstop - jstart ; // 케이스의 개수
  for (i=0 ; i<max_threads ; i++) { // max_threads가 갖는 최댓값은 MAX_
THREADS다.
    params[i].n_all_weights = n_all_weights ;
    params[i].gradient = thr_gradient[i] ; // 각 그레디언트는 n_all_
weights 만큼의 길이를 갖는다.
    params[i].n_layers = n_layers ;
    params[i].layer_type = layer_type ;
    params[i].output = thr_output + i* n_classes ; // n_classes*max_
threads만큼 할당
    params[i].activation = thr_activity[i] ; // 86 페이지의 할당 코드 내용을 확
인해보자.
    params[i].HalfWidH = HalfWidH ;
    params[i].HalfWidV = HalfWidV ;
    params[i].padH = padH ;
    params[i].padV = padV ;
    params[i].strideH = strideH ;
    params[i].strideV = strideV ;
    params[i].PoolWidH = PoolWidH ;
    params[i].PoolWidV = PoolWidV ;
    params[i].layer_weights = layer_weights ;
    params[i].layer_gradient = thr_layer_gradient[i] ; // 96페이지의 할당
코드 내용을 확인해보자 .
    params[i].height =  height ;
    params[i].width = width ;
    params[i].depth = depth ;
```

```
    params[i].nhid  =  nhid ;
    params[i].this_delta=thr_this_delta+i*max_any_layer; //max_any_
layer*max_threads
    params[i].prior_delta = thr_prior_delta + i* max_any_layer ; // 마
찬가지임
    params[i].poolmax_id = thr_poolmax_id[i] ; // 96페이지의 할당 코드 내용을
확인해보자 .
    params[i].n_prior_weights = n_prior_weights ;
}
```

자료 구조에 포함되는 여러 가지 파라미터들은 반드시 스레드들 간에 공유되서는
안 되는 영역에서 동작하기 때문에 다소 처리하기가 복잡하다. 즉, 각 스레드들은
자체적으로 개인만의 데이터 복사본을 가져야만, 서로의 데이터를 건들지 않을 수
있다. 이러한 할당은 96페이지의 초기 절 안에 나와 있다.

다수의 스레드들이 동시에 훈련 데이터들을 처리할 수 있도록 여러 부분으로 분할
시킨다. 스레드 실행은 커다란 오버헤드를 수반하므로, 생성할 스레드 개수를 정
할 때 아래와 같이 임의의 규칙(독자가 임의로 수정해도 좋다)을 적용하여 스레드들의
개수를 설정한다.

```
n_threads = nc / 100 ;  // 이 변수는 실행될 스레드의 개수를 의미
if (n_threads < 1)       // 100으로 나누는 것은 임의로 정한 것임; 다른 값으로 바꿔도 무방함
  n_threads = 1 ;
if (n_threads > max_threads)
  n_threads = max_threads ;

istart = jstart ;        // 일괄 처리를 시작할 첫 데이터의 인덱스 = 훈련을 시작할 첫 데이터
의 인덱스
n_done = 0;              // 지금까지 훈련시킨 케이스들의 개수
```

다음 코드는 모든 스레드들을 동시에 실행시키는 루프다. 보통 istart와 istop 변
수를 만들어서, 현재 처리 중인 부분 데이터 집합이 전체 데이터 중에서 어디에 해
당하는 지 나타낸다. 그리고 앞으로 처리할 남은 훈련 데이터 셋의 개수를, 일괄로
처리할 남은 스레드들의 개수로 나눈 값이 각 실행 데이터(n_in_batch)의 크기다.

```
for (ithread=0 ; ithread<n_threads ; ithread++){
  n_in_batch = (nc - n_done) / (n_threads - ithread) ; 남은 케이스 수/ 남은
배치 수
  istop = istart + n_in_batch ; 이 인덱스 이전 데이터까지 처리한다.

// 배치에 따라 달라지는 포인터를 설정한다.
  params[ithread].istart = istart ; // ithread 번째의 배치는 이렇게 설정된 범위
의 케이스들을 처리
  params[ithread].istop = istop ;

  // 다음 코드는 스레드를 실행시켜주는 Windows API호출 라인이다.
  threads[ithread] = (HANDLE) _beginthreadex ( NULL , 0 , batch_grad_
wrapper , &params[ithread] , 0 , NULL ) ;
```

알고리즘 프로그래밍

스레드 실행에 실패하는 일은 극히 드문 일이지만, 프로그래머는 이러한 가능성을
고려해서 처리해줘야 한다.

```
if (threads[ithread] == NULL) {
 // 에러 메시지 출력
 for (i=0 ; i<n_threads ; i++) {
    if (threads[i] != NULL)
      CloseHandle ( threads[i] );  // 직접 해제 작업을 수행한다.
  }
  return -1.e40 ; //호출자에게 에러 플래그를 반환한다.
}

n_done += n_in_batch ;  // 실행 케이스들의 개수를 갱신한다.
istart = istop ;  // 다음 배치의 시작을 위해 인덱스 값 갱신
} // '스레드 / 배치' 단위로 루프 수행
```

이렇게 해서 스레드들이 동작하게 된다. 이제 모든 스레드들이 처리를 끝내기만을
기다린다. 시간 파라미터 값을 임의로 1200000을 줬지만, 이 값은 반드시 시간이
걸리는 문제를 처리할 수 있을 만큼 충분히 크면서, 사용자가 처리가 끝나는 걸 포
기하고 재부팅하고 싶을 정도로는 아닌, 어느 정도 참고 견딜 수 있을 만큼의 값으

로 정의해야 한다. 일단 실행되고 나서, 동작 실패가 일어날 확률은 거의 없으나, 반드시 이런 상황에 대비를 해놔야 한다.

```
ret_val = WaitForMultipleObjects ( n_threads , thread , TRUE , 1200000
) ;
 if (ret_val == WAIT_TIMEOUT || ret_val == WAIT_FAILED ||
  ret_val < 0 || ret_val >= n_threads) {
    // 이 경우, 일반적인 에러 메시지를 출력한다.
    if (ret_val == WAIT_TIMEOUT)
      // '문제 데이터가 너무 크다'라는 메시지를 반환한다.
      return -1.e40; // 즉, 호출자에게 에러 플래그를 반환한다.
}
```

모든 연산의 수행이 끝났으며, 처리 결과는 각 스레드들의 private 영역에서 처리된다. 우리는 이러한 처리 결과를 누적시켜 나갈 것이므로, 합산에 사용할 변수의 값은 0으로 만든다.

```
error = 0.0 ;  // 성능 평가기준을 누적시키기 위한 변수
for (i=0 ; i<n_all_weights ; i++)   // 합산을 위해 그레디언트 값을 0으로 초기화한다.
.
  gradient[i] = 0.0 ;   // 이제 모든 레이어들을 연이어서 처리한다.
```

여기서는 모든 스레드들마다 성능 평가기준 값과 그레디언트 값을 각각의 스레드 파라미터에 더해 저장해놓는다. 각 스레드의 결과 값들을 가져온 다음 해당 스레드를 해제시킨다. 마지막으로 케이스들 및 클래스의 개수로 그레디언트 값을 나눠서 정규화시킨다. 마지막에 평가기준 값도 이 같은 나눗셈 연산을 해줘서 리턴한다.

```
for (ithread=0 ; ithread<n_threads ; ithread++) {
  error += params[ithread].error ;
  for (i=0 ; i<n_all_weights ; i++)
    gradient[i] += params[ithread].gradient[i] ;
    CloseHandle ( threads[ithread] ) ;
}

for (i=0 ; i<n_all_weights ; i++)
  gradient[i] /= nc * n_classes ;
```

마지막 단계는 가중치 패널티를 처리하는 것이다. 전체 코드의 양이 매우 길지만 싱글 스레드 기반의 평가기준 코드와 더불어 이러한 내용을 이미 살펴봤었기 때문에 전부 다 수록하진 않을 것이다. 이 부분은 68페이지에서 소개했다.

```
wpen = TrainParams.wpen / n_all_weights ;
penalty = 0.0 ;
for (ilayer=0 ; ilayer<=n_layers ; ilayer++) {
  // 모든 은닉층과 마지막 레이어 대상
  ...
  }
  return error / (nc * n_classes) + penalty ; // 음의 로그 발생 가능 확률
}
```

스레딩을 위한 메모리 할당

앞서 살펴봤듯이, 멀티스레드 버전의 그레디언트 연산 루틴에서 수행되는 첫 번째 일은 스레드에 전달되는 자료 구조에 데이터를 채워넣는 것이다. 이러한 여러 가지 엔트리들은 각 스레드마다 반드시 개별 메모리 영역을 할당받아서 동작해야 한다. 이들 중 몇몇은 할당하기가 까다로운 부분이 있으므로, 이 절에서는 이러한 처리 방법에 대해 다뤄볼 것이다.

이번에 논의할 네 가지 모델 선언부는 다음과 같다.

```
double *thr_activity[MAX_THREADS][MAX_LAYERS] ;
int    *thr_poolmax_id[MAX_THREADS][MAX_LAYERS] ;
double *thr_gradient[MAX_THREADS] ;
double *thr_layer_gradient[MAX_THREADS][MAX_LAYERS+1] ;
```

thr_activity 및 thr_poolmax_id는 2차원 배열 변수로, Model 클래스의 activity 및 poolmax_id 멤버 변수와 대응된다. 모든 스레드들은 자기 자신의 데이터 복사본을 필요로 하기 때문에 첫 번째 크기가 바로 이런 부분을 반영한 것이다. 이를 구현하기 위해서, 우리는 마스터[2]에서 메모리 할당을 수행하는 것으로 처리를 시작한 다음, 스레드들 사이에서 이를 분할한다.

---

2 Model클래스의 생성자를 의미 – 옮긴이

```
for (ilayer=0 ; ilayer<n_layers ; ilayer++) {
  thr_activity[0][ilayer] = (double *) malloc (max_threads *
nhid[ilayer] * sizeof(double));
  if (layer_type[ilayer] == TYPE_POOLMAX)
    thr_poolmax_id[0][ilayer] = (int *) malloc ( max_threads *
nhid[ilayer]*sizeof(int)) ;

  for (i=1 ; i<max_threads ; i++) {
    thr_activity[i][ilayer] = thr_activity[0][ilayer] + i*
nhid[ilayer] ;
    if (layer_type[ilayer] == TYPE_POOLMAX)
      thr_poolmax_id[i][ilayer] = thr_poolmax_id[0][ilayer] + i*
nhid[ilayer] ;
  }
}
```

각 스레드마다 모든 레이어들에 대한 그레디언트 값들은 근접해야 하기 때문에 약
간 다르게 처리해볼 것이다. 각 스레드마다 완전한 그레디언트를 할당하고 나서,
이 grand 벡터에서 각 레이어별로 그레디언트의 위치를 계산한다.

```
thr_gradient[0] = (double *) malloc ( n_all_weights * max_threads *
sizeof(double) ) ;

for (i=0 ; i<max_threads ; i++) {
  k= 0 ;
  gptr = thr_gradient[0] + i* n_all_weights ; //현재 스레드의 그레디언트는 여기
서 시작한다.
  thr_gradient[i] = gptr ;

  for (ilayer=0 ; ; ilayer++) { // 각 은닉층과 마지막 레이어까지 루프 순환
    thr_layer_gradient[i][ilayer] = gptr + k;
    if (ilayer >= n_layers) // 모두 수행했다면?
      break;

    if (layer_type[ilayer] == TYPE_FC || layer_type[ilayer] == TYPE_
LOCAL)
      k+= nhid[ilayer] * n_prior_weights[ilayer] ; // 현재 레이어에 대한 가중
치 값을 더한다.
    else if (layer_type[ilayer] == TYPE_CONV)
```

```
        k+= depth[ilayer] * n_prior_weights[ilayer];   // Convolution은
슬라이스마다 같은 값을 이용
    else if (layer_type[i] == TYPE_POOLAVG || layer_type[i] == TYPE_
POOLMAX)
        k+= 0 ;  // 풀링은 훈련 가능한 가중치를 갖지 않는다.
  } // ilayer 루프
} // i루프(스레드)
```

4

CUDA 코드

합성곱 신경망을 CUDA 기반으로 구현한 소스 코드는 두 개의 파일로 나뉘어져 있으며, 나의 웹사이트에서 무료로 다운로드할 수 있다. MOD_CUDA.CPP 코드는 상위 레벨의 구조를 제공한다. 이 코드는 전방 활성화나 역전파되는 델타 값, 그레디언트 값 등을 계산해주는 서브루틴들을 초기화하기 위해 호출한다. MOD_CUDA.cu 코드는 CUDA 디바이스 처리 루틴과 MOD_CUDA.CPP가 호출하는 저수준의 C++ 호스트 루틴들, 그리고 차례대로 연산 커널을 실행하면서 호스트와 디바이스 사이의 통신을 제공한다.

훌륭한 CUDA 프로그래밍 가이드 책들이 여럿 존재한다. CUDA에 대한 경험이 없는 독자들을 이 책에서 가르친다는 것은 아무리 기초적인 내용만 다룬다고 해도, 사실상 거의 불가능한 일일 것이다. 이 시리즈의 1권에는 호기심 많고 이 분야를 처음 접하는 사람들을 위해 전반적인 내용을 담고 있다. 하지만 이번 장은 독자들이 적어도 어느 정도 CUDA 프로그래밍 능력이 된다고 가정하고 진행을 할 것이다.

하지만 아직 '고급 수준의 초행자'라고 불릴 만한 수준의 다양한 주제들이 존재하며, 비록 중간 레벨 혹은 그 이상의 수준에 있는 프로그래머들에겐 이미 익숙한 주제일지라도, 앞으로 코드 구현을 다루면서 이러한 내용들에 대해 강조할 것이다. 다루게 될 주제들은 다음과 같다.

- 전역 메모리에 거대한 규모로 액세스를 할 때 중요한 것은, 최소한 하나의 워프 안에서, 바로 근접한 스레드는 근접한 메모리를 다룸으로써 캐시에서 데이터를 읽어들이는 것이 병합coalesce될 수 있어야 한다.

- 이와 더불어서, 하나의 워프 안의 첫 번째 스레드의 메모리 액세스가 128바이트씩 나눠 떨어지도록 하면, 성능 향상에 더욱 도움이 된다. 이는 완전한 병합을 가능케 함으로써, 캐시 라인 블록들과 워프가 매칭되게 한다.

- 공유 메모리는 전역 메모리보다 더 빠른 읽기 액세스가 가능하다. 그러므로 되도록 단일 전역 메모리 읽기를 공유 메모리로 읽어야 하고, 공유 메모리에서 뒤이어 수행되는 메모리 액세스를 수행해야 한다.

- 특히 가장 최근의 CUDA 디바이스를 사용하는 경우, 스케줄러가 최대한 유연하게 동작하려면, 대개의 경우 블록들을 상대적으로 작은 크기의 블록으로 여러 개로 나눠서 사용하는 것이 가장 좋다.

CUDA 구현에서의 가중치 레이아웃

60페이지에서는 지역적으로 연결된 레이어를 처리하기 위해, 호스트 상의 메모리에서 어떻게 가중치 값들을 구성했는 지 살펴봤었고, 61페이지에서는 합성곱 레이어인 경우에 대해서, 동일한 내용을 살펴봤었다. 필요하다면 이러한 내용들을 다시 살펴보길 바란다. 이러한 레이아웃 구성은 1권에서 설명했던(비록 3권에서는 생략됐지만) 내적 계산 루틴과 같이 매우 효율적인 루틴을 작성할 수 있게 해준다. 그러나 나중에 알게 되겠지만, 이러한 레이아웃은 CUDA 구현 시 큰 악영향을 미치게 된다.

GPU 상에서 지역적으로 연결된 레이어에 대한 가중치 값들은 다음과 같이 구성된다.

입력 높이
　입력 너비
　　입력 깊이
바이어스
　레이어 높이
　　레이어 너비
　　　레이어 깊이
　패드(레이어의 높이*너비*깊이인 nhid는 128바이트의 배수)

주어진 슬라이스의 시각 영역에 존재하는 모든 뉴런들이 동일한 가중치를 갖는 합성곱 레이어에서나, 1×1 크기의 시각 영역을 갖는 완전히 연결된 레이어는 다음과 같은 구조를 갖는다.

입력 높이

입력 너비

입력 깊이

바이어스

레이어 깊이

패드(레이어 깊이가 128바이트의 배수가 되도록 하는)

이 구조가 잘 이해되지 않아도, 106페이지에서 호스트 측의 가중치를 디바이스에 복사하는 주제를 논의할 때 더욱 명확해질 것이다. 이 레이아웃이 갖는 가장 중요한 측면은, 현재 레이어의 깊이를 따라 존재하는 가중치 값들이 가장 빠르게 변화하며, 캐시 라인이 완전하게 병합될 수 있도록 가중치들을 패딩 처리한다는 것이다.

GPU 상의 전역 변수

어떤 GPU 상의 처리 루틴이라도 접근할 필요가 있는 정보들은 가능한 모두 전역적으로 접근 가능한 상수constant GPU 메모리 상에 저장된다. 상수 메모리는 매우 빠른 속도로 액세스를 가능케 해주는 특수한 상태를 갖는다는 점을 상기하자. 게다가, 하나의 워프 안에 존재하는 모든 스레드들이 같은 상수 메모리에 동시에 액세스한다면(일반적인 경우에 해당한다), 처리 속도는 레지스터 액세스에 맘먹을 정도로 빨라진다. 그러한 메모리 액세스와 관련된 변수 선언부는 다음과 같다.

```
__constant__ int d_ncases ;        // 완전한 훈련 셋에 존재하는 케이스들의 개수
__constant__ int d_img_rows ;      // 입력 이미지 행의 개수
__constant__ int d_img_cols ;      // 입력 이미지 열의 개수
__constant__ int d_img_bands ;     // 입력 이미지 밴드의 개수
__constant__ int d_n_pred ;        // 예측기의 개수
__constant__ int d_n_classes ;     // 클래스의 개수
__constant__ int d_n_classes_cols ; // 위와 동일. 128바이트(32개의 float 타입
크기)의 배수로 확장됨
__constant__ int d_n_layers ;      // 은닉층의 개수
```

```
__constant__ int d_n_weights ;    // 모든 레이어에 걸친 전체 가중치의 개수
__constant__ int d_convgrad_cols[MAX_LAYERS] ;
    // n_prior_weights[ilayer]
    // 32의 배수로 증가
__constant__ int d_max_convgrad_each ;
    // CONV 은닉 그레디언트 런치(케이스 당 작업 영역) 상에서
    // hid * convwts_cols의 최댓값
__constant__ int d_layer_type[MAX_LAYERS] ; // 각 레이어의 타입
__constant__ int d_nhid[MAX_LAYERS] ;        // 각 은닉층 마다 존재하는 뉴런들의
개수
__constant__ int d_nhid_cols[MAX_LAYERS] ;  // 128 바이트의 배수로 확장
__constant__ int d_height[MAX_LAYERS] ;      // 각 레이어의 높이(행)
__constant__ int d_width[MAX_LAYERS] ;       // 너비
__constant__ int d_depth[MAX_LAYERS] ;       // 슬라이스의 개수
__constant__ int d_depth_cols[MAX_LAYERS] ; // 위와 동일, 128의 배수로 확장됨
__constant__ int d_n_prior_weights[MAX_LAYERS] ;// 뉴런 당 입력
__constant__ int d_HalfWidH[MAX_LAYERS] ;    // 수평 절반 너비
__constant__ int d_HalfWidV[MAX_LAYERS] ;    // 수직인 경우
__constant__ int d_padH[MAX_LAYERS] ;        // 수평 패딩
__constant__ int d_padV[MAX_LAYERS] ;        // 수직인 경우
__constant__ int d_strideH[MAX_LAYERS] ;     // 수평 스트라이드
__constant__ int d_strideV[MAX_LAYERS] ;     // 수직인 경우
__constant__ int d_PoolWidH[MAX_LAYERS] ;    // 수평 풀링 너비
__constant__ int d_PoolWidV[MAX_LAYERS] ;    // 수직인 경우
static   float *h_predictors = NULL ;        // 훈련 데이터 셋(n_cases x n_
pred 크기)
__constant__ float *d_predictors ;
static   int *h_class = NULL ;  // 클래스 ID
__constant__ int *d_class ;
static   double *activations = NULL ;        // 현재 레이어의 활성화
__constant__ double *d_act[MAX_LAYERS] ;    // 활성화 벡터 포인터
static   double *h_output = NULL ;           // 출력 활성화
__constant__ double *d_output ;
static   int *h_poolmax_id[MAX_LAYERS] ;    // POOLMAX 레이어에서만 사용
__constant__ int *d_poolmax_id[MAX_LAYERS] ; // 각 레이어의 id 벡터 포인터
static   float *weights = NULL ;             // 출력 포함한 모든 가중치 포인터
__constant__ float *d_weights[MAX_LAYERS+1] ;  // 각 레이어의 가중치 벡터 포인터
static   float *grad = NULL ; // 모든 가중치에 대한 그레디언트 포인터
__constant__ float *d_grad[MAX_LAYERS+1] ;   // 각 레이어의 그레디언트 벡터 포인터
static   float *h_convgrad_work= NULL ;     // 호스트 합성곱 그레디언트 벡터 포인터
```

```
__constant__ float *d_convgrad_work;
static   double *h_this_delta = NULL ;    // 현재 레이어에 대한 델타 포인터
__constant__ double *d_this_delta ;
static   double *h_prior_delta = NULL ;   // 이전 레이어에 대한 델타 포인터
__constant__ double *d_prior_delta ;
static   float *h_ll_out = NULL ;         // 로그 발생 가능 확률 포인터
__constant__ float *d_ll_out ;
```

초기화

초기화 작업이 가장 먼저 이뤄지기 때문에 CUDA 프로그래밍 관련된 절들 중 가장 첫 장에서 다뤄야 한다는 철학과 함께, 1, 2권에서는 '초기화' 절을 매우 상세하게 다뤘었다. 이를 돌이켜보면서, 나는 3권에서는 이렇게 하는 대신, 개별 초기화 주제들을, 각 주제에 연관된 알고리즘들과 함께 다뤄보기로 마음 먹었다. 하지만 반복해서 등장하는 어떤 중요한 일반적 원리를 설명하기 위해, 이번 절에서는 호스트에서 디바이스로 훈련 데이터 셋을 복사하는 방법에 대해 논의하고자 한다.

하지만 호스트 메모리가 double 타입으로 저장되는 경우에는 소중한 디바이스 메모리를 절약하기 위해, 디바이스 메모리에는 float 타입으로 저장된다. 그러므로 크기 변환을 처리하기 위해 fdata 변수로 초기 메모리를 할당할 필요가 있다. 또한 cudaMalloc을 호출해서 디바이스 메모리를 할당한다. 일련의 중첩 루프를 거치면서, 호스트 메모리에서 디바이스 메모리로 데이터를 전달하면서, 밴드가 가장 빠르게 변화하도록 순서를 재정렬한다.[1] 마지막으로 이 데이터 셋을 디바이스에 복사하고 할당된 포인터를 디바이스의 상수 메모리 안에 존재하는 d_predictors 포인터로 복사한다.

---

1 여기서 가장 빠르게 변한다는 말은, 밴드 인덱스가 가장 안쪽 루프에 해당하므로, 인덱스 증가 속도가 가장 빠르다는 의미다. – 옮긴이

```
fdata = (float *) malloc ( n_cases * n_pred * sizeof(float) ) ;
memsize = n_cases * n_pred * sizeof(float) ; // 훈련 데이터의 크기
error_id = cudaMalloc ( (void **) &h_predictors , (size_t) memsize )
;

j = 0 ;
for (i=0 ; i<n_cases ; i++) {    // 한 번에 하나씩 케이스를 처리한다.
  xptr = data + i* ncols ;         // 현재 케이스를 가리키는 포인터
  for (irow=0 ; irow<n_img_rows ; irow++) {
    for (icol=0 ; icol<n_img_cols ; icol++) {
      for (iband=0 ; iband<n_img_bands ; iband++) // 디바이스 상의 가장
             // 빠르게 변화하는 밴드
          fdata[j++] = (float) xptr[(iband*n_img_rows+irow)*n_img_
cols+icol] ;
      }
    }
  }

  error_id = cudaMemcpy ( h_predictors , fdata , n_cases * n_pred *
sizeof(float) , cudaMemcpyHostToDevice ) ;

  free ( fdata ) ;    // 더 이상 이 초기 메모리가 필요 없으므로 해제시킨다.
  error_id = cudaMemcpyToSymbol ( d_predictors , &h_predictors ,
sizeof(float *) , 0 , cudaMemcpyHostToDevice ) ;
```

디바이스에 가중치 복사

아키텍처가 세팅된 이후, 어떠한 연산이 수행되기 전에 한번 호출되는 초기화 루
틴에서는 float 메모리를 디바이스에 할당하고 포인터 배열에 각 레이어에 대
응되는 첫 가중치를 가리키는 주소를 저장한다. 이 메모리 할당 작업의 첫 번째
단계는 전체 가중치 개수의 총계를 구하는 것이다. 여기서 주목할 점은 nhid_
cols[ilayer]이 현재 레이어상에 존재하는 은닉 뉴런들의 개수라는 점이다. 이
크기는 128바이트의 배수가 된다(32개의 float). 합성곱 레이어의 클래스 개수 와
깊이도 유사하게 증가된다. 내가 세운 명명 법칙은 크기를 저장하는 변수의 이름

끝에 _cols를 덧붙여서, 이런 방식으로 근본적인 수량이 증가함을 나타내는 것이다. 32의 배수로 증가시키는 공식은 간단한다. 다음 방정식에서 나눗셈은 정수로 나눠떨어지는 나눗셈이 되므로, 나머지 수는 모두 버려진다.

$$N_{bumped} = (N + 31)/32 * 32 \qquad (4.1)$$

가중치의 개수를 더해 충분한 디바이스 메모리를 할당하는 코드는 다음과 같다.

```
n_weights_on_device = 0 ; // 전체 가중치 개수를 카운팅할 변수
for (ilayer=0 ; ilayer<= n_layers ; ilayer++) { // 각 은닉층마다 루프(마지막
레이어 포함)
  if (ilayer == n_layers) // 출력층인 경우
    n_weights_on_device += n_classes_cols * n_prior_weights[ilayer] ;
  else if (layer_type[ilayer] == TYPE_FC || layer_type[ilayer] ==
TYPE_LOCAL)
     n_weights_on_device += nhid_cols[ilayer] * n_prior_
weights[ilayer] ;
  else if (layer_type[ilayer] == TYPE_CONV)
    n_weights_on_device += depth_cols[ilayer] * n_prior_
weights[ilayer] ;
  else if (layer_type[i] == TYPE_POOLAVG || layer_type[i] == TYPE_
POOLMAX)
     n_weights_on_device += 0 ; // 단지 명확한 처리를 위한 코드; 풀링 레이어는 훈련 가
능한 가중치를 갖지 않음
} // ilayer루프 종료

memsize = n_weights_on_device * sizeof(float) ;
error_id = cudaMalloc ( (void **) &weights , (size_t) memsize ) ;
```

이제는 각 레이어마다 가중치의 시작 주소를 저장하도록 포인터 배열을 채워넣기 위해서 동일한 종류의 루프를 반복해야 한다. 일단 이 포인터 배열에 주소를 채워넣고 나면, 이를 디바이스 상의 상수 메모리에 복사해넣는다.

```
float *fptr[MAX_LAYERS+1] ;

n_total = 0 ;
for (ilayer=0 ; ; ilayer++) { // 각 은닉층마다(출력층 포함) 루프
```

```
    fptr[ilayer] = weight + n_total ; // 현재 레이어에 대한 가중치를 가리키는 포인터

  if (ilayer >= n_layers)               // 출력층까지 거치며 수행
    break;

  if (layer_type[ilayer] == TYPE_FC || layer_type[ilayer] == TYPE_
LOCAL)
    n_total += nhid_cols[ilayer] * n_prior_weights[ilayer] ;

  else if (layer_type[ilayer] == TYPE_CONV)
    n_total += depth_cols[ilayer] * n_prior_weights[ilayer] ;

  else if (layer_type[i] == TYPE_POOLAVG ||
    layer_type[i] == TYPE_POOLMAX)
    n_total += 0 ; // 단지 명확한 이해를 돕기 위한 코드; 사실 풀링 레이어의 가중치는 훈련 대
상이 아님
} // ilayer루프 종료

error_id = cudaMemcpyToSymbol ( d_weights , &fptr[0] , (n_layers+1) *
sizeof(float *) , 0 , cudaMemcpyHostToDevice ) ;
```

위 코드는 초기화 과정에서 한 번 실행된다. 하지만 훈련 프로세스가 진행되는 동
안에 가중치 값은 변화하며, 반드시 이 값들을 다시 디바이스 메모리에 복사해 놓
아야 한다. 60페이지에 나와 있던 것(지역적으로 연결된 레이어인 경우)과 63페이지
에 나와 있는 구조와 같이 (합성곱 레이어인 경우) 가중치 값들이 호스트 상에 존재하
지만 디바이스 메모리 상에는 101페이지에 나와 있는 구조처럼 매우 다른 순서로
존재하기 때문에 이 코드는 아직 세련되지 못하다. 가중치를 디바이스 메모리에
적절한 순서로 정렬되도록 복사하는 코드는 다음과 같다. 나중에 활성화 과정이나
역전파 과정에서 중요한 역할을 하기 때문에 가중치 레이아웃을 이해하기 위해서
주의 깊게 이 코드를 학습하길 바란다.

```
int cuda_weights_to_device (
  int n_classes ,    // 출력 클래스의 개수
  int n_layers ,     // 은닉층의 개수 (출력층 제외);
  int *layer_type ,  // 각 레이어의 타입 (입력층에서 출력층까지)
  int img_rows ,     // 입력 이미지의 크기
```

```
   int img_cols ,
   int img_bands ,
   int *height ,          // 각 레이어의 시각 영역 높이
   int *width ,           // 각 레이어의 시각 영역 너비
   int *depth ,           // 각 레이어의 슬라이스 개수
   int *nhid ,            // 각 레이어의 은닉 뉴런 개수
   int *hwH ,             // 필터의 절반 너비
   int *hwV ,
   double **host_weights ) // 각 레이어의 가중치를 가리키는 포인터 벡터
    {
      int n, n_prior, ilayer, ineuron, isub, n_cols_each ;
      int ideepth, iheight, iwidth, ndepth, nheight, nwidth ;
      int in_row, in_col, in_slice, in_n_height, in_n_width, in_n_depth
;

      double *wptr ;
      float *fptr ;
      cudaError_t error_id ;

      fptr = fdata ;    // 디바이스 가중치를 가리킬 포인터; fdata는 이미 할당된 상태임

      for (ilayer=0 ; ilayer<=n_layers ; ilayer++) { // 각 레이어별로 처리
        wptr = host_weights[ilayer] ;    // 현재 레이어에 대한 호스트 가중치

/*
완전히 연결된 (출력 레이어는 언제나 완전히 연결된 구조를 갖는다)
*/

   if (ilayer == n_layers || layer_type[ilayer] == TYPE_FC) {
     if (ilayer == 0) {
       in_n_height = img_rows ;   // 현재 레이어와 이어지는 레이어의 크기
       in_n_width = img_cols ;     // 입력이 전달되는 첫 번째 은닉층
       in_n_depth = img_bands ;
     }

   else {
     in_n_height = height[ilayer-1] ;   // 이 후에 이어져서 계속 전달되는 은닉층
     in_n_width = width[ilayer-1] ;
     in_n_depth = depth[ilayer-1] ;
   }
```

```
    n_prior = in_n_height * in_n_width * in_n_depth + 1 ; // 뉴런 한개 당 가
중치 개수
  if (ilayer == n_layers) // 출력층인 경우
    n = n_classes ;           // 완전히 연결된 레이어인 경우와 동일한 깊이
  else
    n = nhid[ilayer] ;        // 완전히 연결된 레이어인 경우와 동일한 깊이
    n_cols_each = (n+31)/32*32 ; // 128바이트씩 메모리를 정렬


  for (in_row=0 ; in_row<in_n_height ; in_row++) {
   // 91페이지의 레이아웃 참조
    for (in_col=0 ; in_col<in_n_width ; in_col++) {
    for (in_slice=0 ; in_slice<in_n_depth ; in_slice++) {
      for (idepth=0 ; idepth<n ; idepth++) {
   // 완전히 연결된 레이어는 높이와 너비가 모두 1
        //호스트 메모리 상에 존재하는 현재 뉴런의 가중치 벡터의 위치를 계산
        isub = idepth*n_prior + (in_slice*in_n_height + in_row)*in_n_
width + in_col;
        *fptr++ = (float) wptr[isub] ;
        } // idepth 루프 종료

      while (idepth++ < n_cols_each) // 128바이트의 배수로 패드
        *fptr++ = 0.0f ;
      }//in_slice 루프 종료
    } // in_col 루프 종료
  } // in_row 루프 종료

  // 바이어스
  for (idepth=0 ; idepth<n ; idepth++) {
    // 호스트 메모리 상에 존재하는 현재 뉴런의 바이어스 위치 계산
    isub = idepth * n_prior + n_prior - 1 ;
      *fptr++ = (float) wptr[isub] ; } // idepth 루프 종료

  while (idepth++ < n_cols_each) // 128바이트의 배수로 패드
    *fptr++ = 0.0f ;
  }

/*
지역적으로 연결된 레이어
*/
```

```
else if (layer_type[ilayer] == TYPE_LOCAL) {
  // 지역적 레이어의 경우, 뉴런과 필터 레이아웃은 (height, width, depth)이다.
  n = nhid[ilayer] ;
  n_cols_each = (n + 31) / 32 * 32 ;   // 메모리를 128씩 정렬시킨다.

  ndepth = depth[ilayer] ;     // 현재 레이어의 크기
  nheight = height[ilayer] ;
  nwidth = width[ilayer] ;

  in_n_height = 2 * hwV[ilayer] + 1 ;  // 필터 사각 영역의 크기
  in_n_width = 2 * hwH[ilayer] + 1 ;
  if (ilayer == 0)        // 첫 번째 은닉층
    in_n_depth = img_bands ;  // 그러므로 이미지 상의 입력
  else // 그 뒤로 이어지는 은닉층
    in_n_depth = depth[ilayer-1] ;  // 이전 은닉층으로부터 전달

  n_prior = in_n_height * in_n_width * in_n_depth + 1 ;
  // 뉴런 당 가중치 개수

  for (in_row=0 ; in_row<in_n_height ; in_row++) {
   // 91페이지의 레이아웃 참조
    for (in_col=0 ; in_col<in_n_width ; in_col++) {
      for (in_slice=0 ; in_slice<in_n_depth ; in_slice++) {
        for (iheight=0 ; iheight<nheight ; iheight++) {
          // nhid = ndepth*nheight*nwidth
          for (iwidth=0 ; iwidth<nwidth ; iwidth++) {
            for (idepth=0 ; idepth<ndepth ; idepth++) {
              // 호스트 상에 존재하는 현재 뉴런의 가중치 위치를 계산
              // 두단계로 나눠서 계산 수행
              // 먼저, 현재 레이어에 존재하는 뉴런들을 탐색하여
              // 이를 현재 뉴런 당 가중치의 개수(n_prior)와 곱한다.
              // 그 다음 필터 사각 영역의 좌표 값을 더한다.

              isub = (idepth * nheight + iheight) * nwidth + iwidth;
// 현재 레이어 위치
              isub = isub*n_prior+(in_slice*in_n_height+in_row)*in_n_
width+in_col ;
              *fptr++ = (float) wptr[isub] ;
            } // idepth 루프 종료
          } // iwidth 루프 종료
```

110

```
      } // iheight 루프 종료

      // 이 단일 입력 위치에 대한 현재 레이어의 전체 계산이 끝났다. 이제 패딩할 차례다.
      ineuron = nhid[ilayer] ;
      while (ineuron++ < n_cols_each) // 128바이트의 배수로 패딩
        *fptr++ = 0.0f ;

      } // in_slice 루프 종료
    } // in_col 루프 종료
  } // in_row 루프 종료

  // 바이어스

  for (iheight=0 ; iheight<nheight ; iheight++) { // nhid = ndepth *
nheight * nwidth
    for (iwidth=0 ; iwidth<nwidth ; iwidth++) {
      for (idepth=0 ; idepth<ndepth ; idepth++) {

        // 호스트 상 존재하는 현재 뉴런의 가중치 위치를 계산
        isub = (idepth * nheight + iheight) * nwidth + iwidth; // 현재
레이어 뉴런들
        isub = isub * n_prior + n_prior - 1 ; // 바이어스 위치
        *fptr++ = (float) wptr[isub] ;

      } // idepth 루프 종료
    } // iwidth 루프 종료
  } // iheight 루프 종료

  // 바이어스 셋 패딩
  ineuron = nhid[ilayer] ;
  while (ineuron++ < n_cols_each) // 128바이트의 배수로 패딩
  *fptr++ = 0.0f ;
}

/* 합성곱 레이어 */

  else if (layer_type[ilayer] == TYPE_CONV) {
    nheight = height[ilayer] ;  // 현재 레이어의 크기
    nwidth = width[ilayer] ;
    ndepth = depth[ilayer] ;
```

```
  n_cols_each = (ndepth + 31) / 32 * 32 ;  // 메모리를 128씩 정렬시킨다.
  in_n_height = 2 * hwV[ilayer] + 1 ;      // 필터 사각 영역의 크기
  in_n_width = 2 * hwH[ilayer] + 1 ;
  if (ilayer == 0)
    in_n_depth = img_bands ;
  else
    in_n_depth = depth[ilayer-1] ;

  n_prior = in_n_height * in_n_width * in_n_depth + 1 ;
// 뉴런 한개 당 가중치 개수

  for (in_row=0 ; in_row<in_n_height ; in_row++) {
// 91페이지의 레이아웃 참조
    for (in_col=0 ; in_col<in_n_width ; in_col++) {
      for (in_slice=0 ; in_slice<in_n_depth ; in_slice++) {
        for (idepth=0 ; idepth<ndepth ; idepth++) {

          // 호스트 상 존재하는 현재 뉴런의 가중치 위치를 계산
          isub = idepth*n_prior + (in_slice*in_n_height + in_
row)*in_n_width + in_col; *fptr++ = (float) wptr[isub] ;

          } // idepth 루프 종료

          // 현재 필터 요소를 위한 모든 현재-레이어 깊이 처리가 완료됨.  패딩할 차례
          while (idepth++ < n_cols_each) // 128바이트의 배수로 패딩
            *fptr++ = 0.0f ;
          } // in_slice 루프 종료
        } // in_col 루프 종료
      } // in_row 루프 종료

    // 바이어스

    for (idepth=0 ; idepth<ndepth ; idepth++) {

      // 호스트 상에 존재하는 현재 뉴런의 바이어스 위치 계산
      isub = idepth * n_prior + n_prior - 1 ;
        *fptr++ = (float) wptr[isub] ;
      } // idepth 루프 종료

    // 바이어스 패딩
```

```
    while (idepth++ < n_cols_each) // 128바이트의 배수로 패딩
      *fptr++ = 0.0f ;
    }
  } // ilayer 루프 종료

  error_id = cudaMemcpy ( weights fdata , n_weights_on_device *
sizeof(float) , cudaMemcpyHostToDevice ) ;

  return 0 ;

}
```

출력층 활성화 계산

이제 가장 간단한 루틴부터 시작해서 쉽게 CUDA 코드를 접해보고자 한다. 이번에 보여줄 코드는 모델이 적어도 하나의 은닉층을 담고 있는 일반적인 경우에 해당한다. 아무런 은닉층이 없는 경우에 대한 루틴은 MOD_CUDA.cu에서 찾을 수 있지만, 여기에 수록하진 않을 것이다. 이 코드도 실질적으로는 동일한 원리를 가지므로 특별할 게 없기 때문이다.

아래는 상위 루틴에서 호출되는 호스트 루틴이다. 이 루틴은 클래스의 개수가 일반적으로 워프의 크기(32)보다 작아서, 불완전한 워프를 만들기 때문에 종종 약간 비효율적일 수가 있다. 이런 경우는 일반적으로 발생해서는 안 되는 심각한 상태를 만든다. 하지만 이단계를 수행하는 데 소모되는 실제 찰나의 런타임은 거의 눈으로 알아보기 힘들 정도로 작으므로, 명료함을 위해 효율성을 줄이는 게 좋다. 블록 크기를 네 개의 워프로 제한하는 것은 임의적이나 합리적이라 할 수 있다. 원한다면 마음껏 수정해도 좋다.

```
int cuda_output_activation (
  int istart ,  // 현재 배치의 첫 번째 케이스
  int istop     // 마지막 바로 전 케이스
)
{
```

```
int warpsize, threads_per_block;
dim3 block_launch ;
cudaError_t error_id ;

warpsize = deviceProp.warpSize ; // 워프 당 스레드 개수, 32가 향후에도 좋다.

threads_per_block= (n_classes + warpsize - 1) / warpsize * warpsize
;
if (threads_per_block> 4 * warpsize) // 임계치를 임의로 잡았으나 합리적인 크기다.
   threads_per_block= 4 * warpsize ;

block_launch.x = (n_classes + threads_per_block- 1) / threads_per_
block;
block_launch.y = istop - istart ;
block_launch.z = 1 ;

device_output_activation <<< block_launch , threads_per_block>>> (
istart ) ;
cudaDeviceSynchronize() ;
return 0 ;
}
```

이 작업을 수행해줄 디바이스 측 코드는 다음 페이지에 보여지는 바와 같다. 다음에 나열된 이슈들은 되도록 염두하고 있어야 한다.

- 전체 훈련 셋에 대해 계산된 출력 값들은 디바이스 메모리에 저장된다. 이는 나중에 신속한 평가기준 연산을 가능케하고, 더욱 개선된 성능을 내기 위한 준비 과정에 속하기도 한다. 또한 필요하면 호스트에 모든 계산 결과를 덤핑한다.

- 활성화 값과 같은 중간 처리 결과들은 현재 처리 중인 배치만을 대상으로 그 값을 유지한다. 이는 소중한 디바이스 메모리를 절약해준다.

- 이와 같은 두 가지 사실이 내포하고 있는 바는, 먼저 적절하게 출력 저장 공간을 오프셋시킬 수 있도록 각 배치의 시작점인 istart가 필요하다는 점이다. 하지만 istart는 활성화를 레퍼런싱할 때는 사용되지 않는다.

- 이 코드에서 가장 시간이 중요한 비중을 차지하는 라인은 sum+= *wptr * inptr[i_input] 라인이다. 이 코드 라인은 두 개의 전역 액세스를 수행하며, 루프 안에서 이뤄지고 있다.

- 이 라인에서 inptr[i_input]을 참조하는 것은 독립적인 스레드 인덱스로써, 어쩔 수 없이 병합이 불가능하게 만든다. 하지만 이와 같은 이유로, 모든 스레드들이 동일한 값을 갖게되서, 단일 읽기 동작은 모든 스레드들을 대상으로 동시에 이뤄지게 해준다. 이 점은 매우 효율적이다.

- 가중치를 가리키는 포인터는 완전하게 병합되기 때문에 가중치 값들은 스레드의 정의에 따라 가장 빠르게 변화하는 출력 뉴런들에 따라 정렬된다. 게다가, 각 워프가 128바이트 주소 상에서 시작할 수 있도록 패딩 처리된다.

- 출력 저장 공간은 128바이트로 맞춰 정렬되는 건 아니지만(이 크기에 짜맞춰서 정렬시켜버리면 메모리 낭비가 너무 심해진다), 그래도 접해 있는 스레드가 접해 있는 메모리 주소를 이어서 액세스하여 쓰기를 수행한다는 점에서 병합이 이뤄진다.

```
__global__ void device_output_activation (
  int istart    // 배치 상에서의 첫 번째 케이스; 출력을 대상으로 필요
)
{
  int icase, iout, i_input, n_inputs ;
  double sum;
  float *wptr ;
  double *inptr ;

  iout = blockIdx.x * blockDim.x + threadIdx.x ;

  if (iout >= d_n_classes)
    return;

  icase = blockIdx.y ; // 활성과 값들은 istart 만큼 오프셋 되지 않고 0 원점에서 시작
```

```
    wptr = d_weights[d_n_layers] + iout ;  // 현재 뉴런의 가장 빠르게 변화하는 가중치

    n_inputs = d_nhid[d_n_layers-1] ;

    inptr = d_act[d_n_layers-1] + icase * n_inputs ;  // 이전 레이어에서 전달받
는다.

    sum= 0.0 ;          // logit 값을 누적하기 위한 변수
    for (i_input=0 ; i_input<n_inputs ; i_input++) {   // 식 (2.9)
      sum+= *wptr * inptr[i_input] ;
      wptr += d_n_classes_cols ;   // 128 바이트에 맞춰 0으로 가중치 값들을 패딩 처리
    }
    sum+= *wptr ;    //바이어스
    d_output[(icase+istart)*d_n_classes+iout] = sum; // logit 값을 저장한다.
}
```

지역적으로 연결된 레이어와 합성곱 레이어의 활성화 계산

다음은 지역적으로 연결된 레이어와 합성곱 레이어의 활성화를 계산하기 위한 두 개의 CUDA 루틴들 중 첫 번째에 해당하는 루틴이다. 이 루틴이 더 이해하기 쉬운 코드이며, 두 번째 루틴을 이해하기 위해서는 먼저 이 코드부터 알고 가야 한다. 두 번째 코드에서는 빠른 연산을 위해 공유 메모리를 사용한다. 그럼에도 불구하고, 이번 절에서 제시하는 루틴은 나중에 논의할 '청소cleanup' 작업을 해주기 때문에 필수적이다. 그러므로 이 코드를 충분히 공부해둬야 시간을 절약할 수 있을 것이다.

```
int cuda_hidden_activation_LOCAL_CONV (
  int local_vs_conv ,   // 지역적 혹은 합성곱 레이어인지 판별할 변수
  int istart ,          // 현재 배치의 첫 번째 케이스
  int istop ,           // 마지막 직전 케이스
  int nhid ,            // 현재 레이어상의 은닉 뉴런의 개수 = H*W*D
  int n_slices ,        // 현재 레이어의 깊이
  int ilayer            // 처리 대상 레이어
)
{
```

```
  int warpsize, threads_per_block;
  dim3 block_launch ;
  cudaError_t error_id ;

  warpsize = deviceProp.warpSize ; // 되도록 32개에 맞추는 워프 당 스레드

  threads_per_block= (n_slices + warpsize - 1) / warpsize * warpsize
;
  if (threads_per_block> 4 * warpsize)
    threads_per_block= 4 * warpsize ; // 임의적이나 합리적인 크기

  block_launch.x = (n_slices + threads_per_block- 1) / threads_per_
block;
  block_launch.y = nhid / n_slices ; // 시각 영역 크기(반드시 65535 미만!)
  block_launch.z = istop - istart ;  // 현재 배치 상에서의 케이스 개수

  device_hidden_activation_LOCAL_CONV <<< block_launch , threads_per_
block>>> ( local_vs_conv , istart , 0 , 0 , n_slices , ilayer ) ;

  cudaDeviceSynchronize() ;
  return 0 ;

}
```

디바이스 코드는 꽤 복잡하고 라인 수도 많으므로, 여러 절에 걸쳐서 다룰 것이다. 먼저 호출 파라미터 리스트부터 확인해보자. 지금은 여러 가지 파라미터들이 무슨 일을 하는지 혼란스러울 것이다. case_start 변수 같은 경우 앞에서도 여러 번 나왔었다. 이 변수는 단지 인터페이스 루틴 안에서, 현재 처리 중인 배치의 시작 케이스에 해당하는 훈련 셋 데이터인 istart를 가리킨다. 윈도우의 WDDM 타임아웃이라는 생소하게 들릴 법한 오류를 피하기 위해서는 매번 실행할 때마다 걸리는 시간을 제한해야 하므로, 훈련 셋을 배치별로 나눈다. 이는 교차검증cross validation 또는 전향 테스팅walkforward testing과 같이 기술적으로 더욱 진보된 작업들도 수행한다.

case_offset과 slice_start 파라미터는 특수한 역할을 한다. 첫 번째 파라미터는 배치에서 현재 처리 중인 케이스에 오프셋 값을 더하고, 두 번째 파라미터는 첫 번째 파라미터를 지나서 슬라이스와 함께 처리를 시작할 수 있도록 해준다. 이 루틴들은 활성화를 계산하기 위해 베타적으로 사용되며, 둘 다 0이 될 것이다. 하지만 나중에 공유 메모리 버전 이후에 청소 작업을 위해 이 루틴이 사용될 때 이러한 오프셋 값들이 필요하다는 점을 확인할 것이다.

개개의 깊이 슬라이스는 아래와 같이 하나의 스레드에서 처리한다. 그 다음은 현재 레이어에서 현재 활성화된 뉴런들의 위치를 계산한다.

```
__global__ void device_hidden_activation_LOCAL_CONV (
   int local_vs_conv ,    // 지역적 혹은 합성곱 레이어인지 판별할 변수
  `int case_start ,       // 현재 배치에서 첫 번째 케이스 (데이터 셋에 상대적으로)
   int case_offset ,      // 현재 배치에 상대적인 오프셋 (공유 메모리 버전에서 사용됨)
   int slice_start ,      // 현재 배치에서의 첫 번째 슬라이스
   int n_slices ,         // 처리해야할 슬라이스들의 개수
   int ilayer             // 처리 대상 레이어
)
{
   int kwt, kin, wtsub, insub, iheight, iwidth, idepth, n_height, n_
width, n_depth, wt_cols;
   int rstart, rstop, cstart, cstop, rbase, cbase, in_slice, in_row,
in_col, ihid, nH;
   float *f_inptr, *wptr ;
   double sum, *actptr ;

   idepth = blockIdx.x * blockDim.x + threadIdx.x ; if (idepth >= n_
slices)
      return ;

   idepth += slice_start ;
   iheight = blockIdx.y / d_width[ilayer] ;
   iwidth= blockIdx.y % d_width[ilayer] ;

   nH = 2 * d_HalfWidH[ilayer] + 1 ; // 이 값은 나중에 루프 안 깊은 곳에서 참조할 것이다.
```

이제 현재 레이어에서 (iheight, iwidth, idepth)에 위치한 뉴런의 활성화를 계산할 차례다. 여기서 주목할 점은, idepth 값이 스레드와 연관돼 있다는 점이다. 이 값은 근접한 스레드가 같은 입력을 가리키도록 해주며, 이는 효율적인 메모리 사용을 가능케한다(한번 전역 변수 값을 읽어오면(fetch) 워프 안의 모든 스레드들이 사용할 수 있다). 또한, 가장 빠르게 변화하는 깊이 값이 완벽 혹은 매우 훌륭한 병합 결과를 도출 할 수 있도록 가중치 값들을 정렬한다. 그러므로 현재 레이어에서 뉴런들의 레이아웃은 (height, width, depth)가 된다.

이러한 레이아웃은 지역적으로 연결된 레이어들이 32의 배수에 해당하는 깊이를 갖도록 강력한 동기 부여를 한다. 왜 그런지 보기 위해, ihid= 에 해당하는 코드라인을 아래에서 주의 깊게 보자. 이러한 배수 정렬은 단지 아주 좋은 정도가 아니라 가중치 읽어오기(fetch)의 완벽한 병합을 보장한다(slice_start가 0일 경우; 0이 아니라면, 병합은 여전히 매우 좋은 수준이 된다).

케이스(아직 오프셋되지 않은)가 블록의 z값 범위 안에 있다는 점을 명시한 주석을 눈여겨 보자. 가중치 행렬의 각 행의 패딩된 길이를 읽어와서 첫 번째 필터 가중치 행렬 안에서 가중치의 위치를 찾는다. 그저 끼워넣는다. 근접한 스레드가 근접한 가중치들을 참조함을 주의 깊게 보자.

```
// icase = blockIdx.z ;   // 나중에 이를 직접적으로 참조하여, 레지스터를 쓰는 일이 없도록
한다.

if (local_vs_conv) {
  wt_cols = d_nhid_cols[ilayer]; // 가중치 행렬에서 행의 패딩된 크기
  ihid = (iheight * d_width[ilayer] + iwidth) * d_depth[ilayer] +
idepth;
  wptr = d_weights[ilayer] + ihid ;
}

else {
  wt_cols = d_depth_cols[ilayer] ;
  wptr = d_weights[ilayer] + idepth ; // 현재 슬라이스에 대한 첫 번째 필터 가중치
}
```

61페이지에서 지역적으로 연결된 레이어와 합성곱 레이어의 활성화에 대해 처음 논의했던 것처럼(필요하면 복습하길 바란다), 현재 뉴런의 활성화에 기여하는 이전 레이어에 존재하는 사각 영역의 경계를 계산한다. 이전 레이어에 존재하는 시각 영역의 경계를 넘어 가지 않는 시작 및 끝 경계 값과, 사각 영역 필터 안에서의 위치를 찾게 해주는 '기초' 경계 값도 계속 저장해놓는다.

```
sum= 0.0 ;

// 첫 번째 필터의 중심은 HalfWidth-Pad; 필터는 -Pad에서 시작
rbase = rstart = d_strideV[ilayer] * iheight - d_padV[ilayer] ;
rstop = rstart + 2 * d_HalfWidV[ilayer] ;
cbase = cstart = d_strideH[ilayer] * iwidth- d_padH[ilayer] ;
cstop = cstart + 2 * d_HalfWidH[ilayer] ;

if (rstart < 0)   // 상단 좌측 경계를 제한한다.
  rstart = 0 ;   // 아래는 하단 우측 경계를 제한한다.
if (cstart < 0)
  cstart = 0 ;
```

첫 번째 은닉층 (입력단에서 전달을 받는)과 그 다음 은닉층(이전 활성화 결과 값들을 전달 받는)을 처리하는 상황에서는 반드시 동일한 코드를 중복해서 적용해야 한다. 입력은 float 포인터를 사용하며, 활성화는 double 포인터를 사용한다. 어떤 포인터를 사용할 지 루프 안에서 결정하는 것은 너무 늦다!

첫 번째 은닉층의 경우, 입력 케이스를 가리키는 포인터를 받아와서, 두 케이스의 오프셋을 모두 고려한다. 또한, 하단 우측 사각 영역이 이전의 사각 영역의 입력 범위를 넘어가지 않도록 제한한다.

```
if (ilayer == 0) {

  f_inptr = d_predictors + (blockIdx.z + case_offset + case_start) *
d_n_pred ;

  if (rstop >= d_img_rows)
    rstop = d_img_rows - 1 ;
```

```
if (cstop >= d_img_cols)
    cstop = d_img_cols - 1 ;
```

이전 레이어의 사각 영역에 걸쳐서, 모든 이전-레이어 슬라이스에 대한 필터를 합산한다. MOD_NO_THR.CPP 코드에서처럼 start/stop 경계를 사용해서, 사각 영역 밖으로 벗어난 상태인지 비효율적으로 체크하는 경우가 없도록 한다.

이 루프 안에서 수행하는 인덱싱은 아마도 약간 혼란스러울 수도 있다. (in_row - rbase) * nH + in_col - cbase를 계산하면 (in_row, in_col) 필터의 시각 영역에 존재하는 위치를 계산한다. 이 부분이 잘 이해되지 않는다면, 점을 찍어서 필터 요소를 표현하여 사각형을 하나 그린 다음, 이 공식이 맞는지 확인해보길 바란다. 이러한 사각 필터들 중 하나가 각 입력 슬라이스마다 존재하지만 이 필터는 가장 빠르게 변화하는 슬라이스를 따라 순서가 정렬된다. 그러므로 이 필터 시각 영역 위치를 슬라이스들의 개수(입력에 대한 밴드)로 곱한 다음, 슬라이스를 더해 정확한 필터 요소를 구한다. 후자에 해당하는 연산이 명확하게 이해되지 않는다면, 점으로 찍어 만든 사각형을 여러 개 그려보고 카운팅하면 위치를 바꾸기 전에 이 사각형들을 따라 올라가게 됨을 확인해보길 바란다. 유사한 공식이 시각 영역에 존재하는 입력 위치를 찾아낸다. 좀 더 명확하게 알 수 있도록, 두 줄의 코드라인에 주석을 달아 놓아서, 실제로 공식에 따라 진행됨을 확인할 수 있다. 마지막으로 바이어스를 추가한다.

```
for (in_row=rstart ; in_row<=rstop ; in_row++) {
  kwt = (in_row - rbase) * nH ;
  kin = in_row*d_img_cols ;

  for (in_col=cstart ; in_col<=cstop ; in_col++) {
    wtsub = (kwt + in_col - cbase) * d_img_bands ;
    insub = (kin+in_col) * d_img_bands ;

    for (in_slice=0 ; in_slice<d_img_bands ; in_slice++) {
      // wtsub = ((in_row - rbase) * nH + in_col - cbase) * d_img_bands
+ in_slice ;
```

```
    // insub = (in_row*d_img_cols+in_col)*d_img_bands+in_slice ;
    sum+= f_inptr[insub] * wptr[wtsub*wt_cols] ; ++wtsub ;
    ++insub ;
  } // in_slice 루프 종료
 } // in_col 루프 종료
} // in_row 루프 종료

sum+= wptr[(d_n_prior_weights[ilayer]-1) * wt_cols] ;   // 바이어스
}
```

그 다음 이어지는 은닉층의 경우, 첫 번째 은닉층을 대상으로 수행했던 과정과 거의 동일한 작업들을 수행한다. 차이점이 있다면, 이번에는 입력 이미지가 아니라 이전 은닉층을 참조한다는 것이다.

```
else {
  actptr = d_act[ilayer-1] + (blockIdx.z + case_offset) * d_
nhid[ilayer-1] ;
  n_height = d_height[ilayer-1] ; // 현재 레이어로 전달되는 레이어의 크기
  n_width = d_width[ilayer-1] ;
  n_depth = d_depth[ilayer-1] ;

  if (rstop >= n_height)   // 이전 레이어의 시각 영역 밖으로 나가지 않도록 한다.
    rstop = n_height - 1 ;
  if (cstop >= n_width)
    cstop = n_width - 1 ;

  for (in_row=rstart ; in_row<=rstop ; in_row++) {
    kwt = (in_row - rbase) * nH ;
    kin = in_row*n_width ;

    for (in_col=cstart ; in_col<=cstop ; in_col++){
      wtsub = (kwt + in_col - cbase) * n_depth ;
      insub = (kin+in_col) * n_depth ;

      for (in_slice=0 ; in_slice<d_depth[ilayer-1] ; in_slice++) {
      // 이 부분이 실제 수행 내용에 해당한다.
      // wtsub = ((in_row - rbase) * nH + in_col - cbase) * n_depth +
in_slice ;
      // insub = (in_row*n_width+in_col)*n_depth+in_slice ;
```

122

```
        sum+= actptr[insub] * wptr[wtsub*wt_cols] ;
        ++wtsub ;
        ++insub ;
      } // in_slice 루프 종료
    } // in_col 루프 종료
} // in_row 루프 종료

sum+= wptr[(d_n_prior_weights[ilayer]-1) * wt_cols] ;   // 바이어스
}
```

코드에 대한 소개를 마무리짓기 전에, 꼭 짚고 넘어가야 할 내용들을 다음에 나열
해놓았다.

- 두 번에 걸쳐 전역 데이터를 읽어들이며, 이 작업은 중첩 루프의 가장 안쪽에
  서 수행되므로, 매우 중요하다.

- 입력 값을 읽는 것은 스레드(idepth) 간 독립적으로 수행되므로, 이는 곧 메모
  리 상에서 병합되는 게 불가능함을 의미한다. 하지만 이러한 이유로 워프 안의
  모든 스레드들이 동일한 값을 갖게 되므로, 한 번 데이터를 읽어들이면 모든
  스레드들이 이 값에 접근할 수 있어서 효율적인 데이터 전파가 가능해진다.

- 또 다른 전역 데이터 읽기는 필터 가중치 값이다. 이는 스레드(idepth)만큼 오
  프셋되므로, 근접한 스레드들은 근접한 메모리 위치에 액세스하게 되서, 매우
  좋은 메모리 병합을 할 수 있게 된다. 게다가, slice_start 변수가 0이면, 모
  든 워프는 128바이트의 배수에 해당하는 값부터 시작하게 되서(32의 배수를 갖
  는 wt_cols로 곱하는 점에 주목하자), 완벽한 메모리 병합을 하게 된다.

마지막으로 쌍곡선 탄젠트 활성화 함수로 계산한 활성화 값을 저장한다. ihid 값
이 idepth에 따라 변화해서, 근접한 스레드가 근접한 메모리 위치에 데이터를 기
록하게 되므로, 매우 좋은 메모리 병합을 이룬다는 점에 주목하자. 보너스로, 현재
레이어의 깊이가 32의 배수가 되고 slice_start가 0이면, 완벽한 메모리 병합이
가능해진다.

```
if (sum> MAX_EXP)
  sum= 1.0 ;
else {
  sum= exp ( 2.0 * sum) ;
  sum= (sum- 1.0) / (sum+ 1.0) ;
}

 n_height = d_height[ilayer] ;
 n_width = d_width[ilayer] ;
 n_depth = d_depth[ilayer] ;
 actptr = d_act[ilayer] ;
 ihid = (iheight * n_width + iwidth) * n_depth + idepth ;
 actptr[(blockIdx.z+case_offset)*d_nhid[ilayer]+ihid] = sum;

 }
```

공유된 메모리 활용을 통한 연산 속도 향상

이번 절은 활성화 값을 훨씬 빠르게 계산하는 방법을 제시한다. 이번 주제는 이전 절에서 다뤘던 연산보다 훨씬 더 복잡하므로, 이전 내용을 완전하게 이해하지 못한 상태에서 이번 내용을 이해할 수 있다고 기대하는 건 무리다.

이번에 다룰 연산의 기본은 전역 메모리보다 공유된 메모리가 훨씬 더 월등한 액세스 속도를 갖는다는 점에 있다. 이전 절에서 반복적으로 동일한 전역 메모리를 읽어왔던 연산은 너무나 큰 낭비를 가져왔다. 실제로는 모든 액세스가 완벽하거나 매우 좋은 수준으로 병합되도록 만들어서, 모든 전역 메모리 액세스를 가능한 빠르게 수행되도록 각고의 노력을 기울여서 구현했기 때문에 속도 차이가 끔찍할 정도로 심각하지는 않다. 게다가, 수학적 연산이 효율적으로 여러 메모리 읽어들이기 중지(stall)를 숨기는 방식으로 연산 구조를 갖는다. 대부분의 애플리케이션들은, 수학적인 파이프라인이 성능을 결정짓는 지배적인 요소에 해당한다. 여전히, 현대의 잘 다듬어진 CUDA 프로그래밍은 가능하면 최대한 속도가 빠른 공유 메모리를 활용하도록 요구한다.

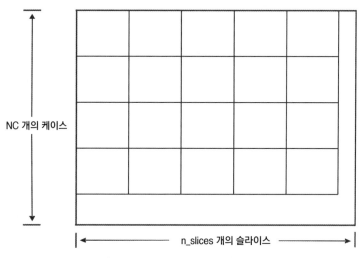

그림 4.1 활성화 연산을 위한 공유 메모리 블록 레이아웃

그림 4.1은 앞으로 구현할 내용을 격자 형태로 그린 것으로, 수직 크기는 앞으로 처리하게 될 데이터 셋의 모든 케이스를 나타내고, 수평 크기는 현재 계산 중인 레이어에 존재하는 모든 슬라이스를 나타낸다. 시각 영역의 좌표(row, column)는 이번 논의 주제와는 무관하다. 이는 이미 고정된 위치로 지정돼 있다. 그러므로 위 그림에서의 어떠한 지점은 곧 시각 영역에서 미리 지정된 위치로 단일 뉴런의 활성화를 나타내며, 슬라이스는 그림 상에서 자신의 수평 위치로, 케이스는 그림 상에서의 수직 위치로 표현된다.

이러한 활성화는 어떻게 계산하는가? 위와 같은 그림을 여러 개 겹쳐서 쌓아서 스택을 형성시켜 놓았다고 생각해보자. 이 스택의 각 레이어는(모델 상에서의 레이어와 혼동하지 말자!) 이전 레이어의 사각 영역에 존재하는 시각 영역의 위치뿐만 아니라, 이전 사각 영역(이 부분은 당장 고려 하지 않는다)에서 하나의 슬라이스를 나타낸다. 두 개의 핵심 맴버들이 이 위치와 연관된다. 즉, 이전 레이어에 존재하는 활성화와 그에 대응되는 필터 가중치 말이다! 그리고 이 그림과 같은 형태로, 하나 더 추가되는 레이어는 바이어스 항을 나타낼 것이다.

그러므로 단일 뉴런들의 활성화를 계산하기 위해, 모두 그림 4.1의 임의 지점에서, 페이지 밖으로 나오는(emanating) 요소들의 나선탑을 바라본다. 이 나선탑에 연관된 내적을 누적한다. 이 나선탑에는 n_prior_weights개의 요소가 존재하게 될 것이다.

그림 4.1을 보면, 점선으로 된 사각 영역으로 전체 영역을 분할해놓은 것을 확인할 수 있다. 각 사각 영역은 하나의 런치(launch) 블록을 의미한다. 이러한 블록들은 모두 한 번의 커널 실행을 거쳐서 계산된다. 이러한 블록의 크기(길이와 너비)는 효율성을 극대화하기 위해 가능한 큰 값이 되어야 한다. 이러한 효율성은 이 길이/너비로 된 사각 영역이 하드웨어적으로 지원될 수 있는 최대 블록당 스레드 개수를 절대 넘어서는 안 된다는 제약을 갖는다. 근래의 GPGPU가 적어도 블록당 1024개의 스레드를 지원하는 최대치를 갖기 때문에 나가 구현한 CONVNET 프로그램은 32개를 사용한다. 전역 메모리 읽어오기 횟수는 대략적으로 블록의 길이/너비와 동일한 배수만큼(상당히 커질 수도 있다) 줄어든다.

지금은 필수적으로 필요한 블록 개수를 넘어가는 여분의 행/열은 무시한다. 이런 내용들은 나중에 마지막 단계에 도달하면 논의할 것이다.

계속 진행하기 전에, 잠시 실행 파라미터에 대해 살펴보고 가자. 실행된 스레드 블록의 크기가 클 수 있으며, 여기서는 32*32=1024개의 스레드가 하나의 블록을 이룬다. 현재 레이어의 슬라이스들은 x축을 따라 블록들로 나뉘게 되며, 현재 배치상의 케이스들은 y 축을 따라 나뉜다. z축은 현재 레이어의 시각 영역 좌표(row, column)를 결정한다.

```
dim3 thread_launch, block_launch ;

nc = istop - istart ;   // 케이스의 개수

thread_launch.x = BLOCK_SIZE ;   // 여기서는 32로 지정
thread_launch.y = BLOCK_SIZE ;   // 반드시 동일해야함
thread_launch.z = 1 ;

block_launch.x = n_slices / BLOCK_SIZE ; // 수평 방향으로의 블록 개수
```

```
block_launch.y = nc / BLOCK_SIZE ;    // 수직인 경우
block_launch.z = nhid / n_slices ;    // 높이 x 너비;즉, 시각 영역 크기

device_hidden_activation_LOCAL_CONV_shared
  <<< block_launch , thread_launch >>> ( local_vs_conv , istart ,
ilayer ) ;
```

GPU 측 프로그램의 알고리즘에 대해 대략적으로 살펴보자. 하나의 실행(launch)
으로 동작하는 개개의 블록마다, 그림 4.1에 점선 안에 포함되는 것으로 나와 있는
모든 뉴런/케이스의 활성화를 완전하게 계산한다. 슬라이스와 케이스의 크기 단
위를 기본으로 하는 BLOCK_SIZE 크기의 사각 영역들로 이뤄지는 구조를 갖는 것
과 더불어, 이전 레이어 활성화와 필터 가중치를 나타내는 '페이지로부터 위쪽' 방
향 또한 BLOCK_SIZE 덩어리 단위로 처리될 것이다. 그러므로 우리는 실질적으로
큐브와 같은 구조를 다루게 되는 셈이다. 이러한 사실을 염두에 두고서, 곧 상세하
게 살펴볼 단계들을 다음과 같이 나열해 놓았다.

1) 모든 사전에 필수적으로 수행돼야 하는 예비 연산을 수행한다. 현재 레이어로
   전달되는 필터 가중치 및 활성화 데이터(입력 이미지 또는 이전 은닉층이 될 수 있
   다)를 가리키는 포인터 변수를 가져온다. 이전 레이어에서 필터링되는 사각 영
   역의 경계를 찾는다.

2) 활성화 및 필터 가중치의 내적 연산에 사용될 요소들의 개수를 얻어온다. 이는
   곧 내부적으로 n_prior_weights의 값이 될 것이며, 패딩이 된 경우 경계선 상
   에서는 더 작아질 것이다. 이러한 값을 n_inner이라 부른다.

3) inner_blocks = (n_inner + BLOCK_SIZE - 1) / BLOCK_SIZE
   이는 '안쪽 루프' 블록의 개수를 계산하는 라인으로, 페이지를 벗어날 정도로
   늘어나는 내적 항들을 합산하기 위해 필요하게 될 것이다. 각 안쪽 루프 블록은
   내적 연산 안에서 BLOCK_SIZE 항들을 처리한다.

4) 다음과 같은 연산 루프를 수행한다. 여기서 s_slices와 s_cases는 BLOCK_
   SIZE 크기를 갖는 공유된 메모리 행렬들이다.

```
sum= 0 ;
for (inner=0 ; inner<inner_blocks ; inner++) {

// 슬라이스는 threadIdx.x로부터 유도된다.
// 내부(Inner) 인덱스 threadIdx.y로부터 유도된다.
s_slices[threadIdx.y][threadIdx.x] = weight [ inner index , slice ] ;

// 케이스는 threadIdx.y로부터 유도된다.
// 내부(Inner) 인덱스는 threadIdx.x로부터 유도된다.
s_cases[threadIdx.y][threadIdx.x] = activation [case, inner index ];

// 모든 스레드들이 위의 전역 읽어오기 연산을 완전히 마칠 때까지 대기한다.

for (k=0 ; k<BLOCK_SIZE ; k++)
sum+= s_cases[threadIdx.y][k] * s_slices[k][threadIdx.x] ;

// 모든 스레드들이 위의 합산 루프 연산을 완전히 마칠 때까지 대기한다.

} //'inner_blocks' 루프 종료
```

5) 쌍곡선 탄젠트 활성화 함수를 적용하여, 결과 값을 저장한다.

지금까지 살펴본 연산을 반드시 이해하고 넘어가야 한다. 얼마 안 되는 양이지만 이를 제대로 파악하지 않으면, 코드를 결코 이해하지 못할 것이다. 그러므로 이 내용을 좀더 천천히 살펴볼 것이다. 논의 내용을 단순하게 하기 위해 BLOCK_SIZE는 32라고 가정한다.

32*32=1024개의 스레드들로 이뤄지는 블록을 실행하게 된다. 이 블록의 임무는 현재 레이어의 시각 영역에서, 주어진 고정된 위치(z 블록 크기)에 대한 활성화와 32개의 깊이 및 32개의 케이스들에 대한 활성화를 계산하는 것이다. 시각 영역에서 현재 뉴런들의 위치인 z축 성분은 무시한다. 이는 논의 주제와는 관련 없는 부분이므로 고려해봤자 혼란만 가중될 뿐이다. 그저 지금 계산 중인 대상이, 32개의 케이스마다 대응되는 32개의 슬라이스 상에 각각 존재하는 뉴런들로, 현재 블록 안에서 총 1024개의 활성화 값들을 계산한다는 점만 기억하자.

위와 같은 루프는 32개의 필터 가중치와 이전 레이어 활성화 쌍을 거쳐서 루프를 돈다. 다시 말하면, 한 번에 32개의 쌍을 한 덩어리씩 묶어서 활성화 값을 계산하는 내적 연산을 수행하게 되므로, 외부 루프를 한번 거칠 때마다 32개의 쌍을 계산하게 된다. 그러므로 외부 루프를 완전히 거쳐야만 내적 연산이 끝난다. 최종 내적 연산 결과는 sum 변수에 누적된다.

루프에서의 첫 번째 단계는 1024개의 스레드들이 전역 메모리로부터 필터의 현재 레이어 슬라이스에 대한 필터 가중치 값들을 협력적으로 읽어오게 하는 것이다. 지역적으로 연결된 레이어와 합성곱 레이어의 경우, 각 슬라이스마다 서로 다른 필터 가중치 셋을 갖는다는 점을 상기하자. 가중치의 슬라이스는 스레드의 x 인덱스로부터 유도되므로, 매우 좋거나 완벽한 메모리 병합이 이뤄진다는 점에 주목하길 바란다.

다음 단계는 1024개의 스레드들(32개의 케이스마다 각각, 32개의 이전 레이어들 안에 존재하는 뉴런들이 내보내는 활성화를 계산하는)이 개개의 쌍마다 다른 항목을 협력적으로 읽어오게 하는 것이다. 코드를 따라가면서 활성화에 대한 주석 내용을 검토해보면, 이 결과가 스레드의 x축으로부터 유도되는 것(이 전역 읽어오기가 곧 매우 좋거나 완벽하게 병합된다는 걸 다시 한 번 의미한다)을 확인할 수 있을 것이다.

이제, 모든 워프들이 두 개의 작업을 완료할 때까지 기다려야 하므로, 블록 실행을 잠시 중단해야만 한다. 워프 스케줄러가 완벽하게 워프들끼리 협조하면서 동작하도록 보장해주지는 않는다는 점을 상기하자. 이러한 모든 정보들이 공유 메모리로 옮겨질 때까지는 절대로 진행을 이어나가면 안 된다.

마지막 단계는 이 안쪽 루프 블록에 있는 32가지의 내적 컴포넌트들을 합산하는 것이다. 내부의 루프를 거칠 때마다 두 개의 액세스를 갖는다. 예전 같았으면 전역 메모리에 액세스할 수도 있었겠지만, 지금은 공유 메모리를 사용할 수 있다. 이를 통해 우리는 느린 속도의 전역 메모리 대신 빠른 속도의 공유 메모리로부터 읽어오는 게 가능해진다.

어떠한 스레드가 이러한 연산을 완료했을 때, sum 변수는 32개의 케이스들 중 하나에 대한 32개의 슬라이스들 중 한 슬라이스 상에 존재하는 하나의 뉴런에 대해서 계산된 완전한 내적 값을 담고 있게 된다. 이는 그림 4.1의 레이아웃 상에서 하나의 엔트리에 해당한다.

이러한 알고리즘의 성능 비교 분석을 빠르게 해보는 것도 좋다. 계속 간단하게 상황을 유지하기 위해, inner_blocks=1이라고 가정하자. 그러면 한 번의 루프 수행만 고려하면 된다. 이러한 분석은 루프 수행 횟수가 아무리 많아도 적용된다.

32*32=1024개의 스레드들이 수행되기 때문에 첫 번째와 두 번째 단계는 각각 1024번의 전역 메모리 로딩을 수행하는 것이다. 그 결과, 2048번의 느린 데이터 로딩이 수행된다. 이제 합산 루프 영역을 살펴보자. 1024개의 스레드들이 두 번의 메모리 로딩을 수행하면서, 한 줄의 합산 코드 라인을 수행한다. 이 루프는 32번 수행되므로, 총 64,000번 로딩하게 된다. 먼저 공유 메모리에 값들을 가져오지 않으면, 64,000번 느린 데이터 로딩을 수행할 것이다. 하지만 이 루프가 빠른 공유 메모리에 액세스하기 때문에 단지 초기화하기 위한 2,000번의 메모리 로딩만 느린 속도로 수행되면 된다. 블록 사이즈인 32의 배수로 데이터를 가져온다. 물론, 약간의 오버헤드가 존재하기 때문에 그렇게까지 엄청난 속도 향상이 있는 건 아니지만, 그래도 꽤 괜찮은 성능을 보여줄 수 있다.

그리고 속도 향상이 전역 메모리 액세스에만 적용된다는 점을 상기하자. 훌륭한 프로그래머들은 '느린' 전역 메모리 액세스로 좋은 수준의 병합이 가능할 것 같으면, 언제나 실제로 그렇게 되게끔 하려고 한다. 그러면 다른 지연 요소들이 제한 사항으로 작용하게 된다. 수학 연산 파이프라인은 유한한 수용 능력을 가지며, 여러 연속적인 수행 동작들은 이전단계가 완료돼야 진행이 가능해서, 결과적으로 실행 단계들끼리 서로 의존성을 갖게 된다. 그러므로 종종 공유된 메모리를 사용한다고 해서 기대만큼 속도가 향상되지 않을 때도 있다. 그래도 시도해볼 만한 가치는 있다.

GPU 코드

이와 같은 간략한 연산 과정의 정리는 여러 가지 중요한 사항들을 생략하고 넘어 갔지만, 이 부분이 매우 근본적인 역할을 하는 기술에 해당한다. 이 부분을 친숙할 정도로 잘 이해 해놓기 전에는 더 이상 진행하지 말길 바란다. 충분히 준비가 됐다면, 깊게 심호흡을 해보자. 호출 파라미터 리스트 및 변수 선언은 다음과 같다.

```
__global__ void device_hidden_activation_LOCAL_CONV_shared (
  int local_vs_conv ,    // 지역적 레이어인지 합성곱 레이어인지 판별할 변수
  int istart ,           // 현재 배치 상에서 첫 번째 케이스
  int ilayer             // 처리 대상 레이어
)
{
  int k, iheight, iwidth, idepth, icase, n_height, n_width, n_depth,
wt_cols ;
  int ihid, inner, n_inner, inner_blocks, prod ;
  int rstart, rstop, cstart, cstop, rbase, cbase, in_slice, in_row,
in_col, isub, nH ;
  float *f_inptr, *wptr ;
  double value, sum, *actptr ;
```

스레들 블록에서, threadIdx.x와 threadIdx.y들은 BLOCK_SIZE 크기의 사각 블록 영역에서의 각 좌표를 나타낸다. 케이스(행)×슬라이스(열) 구조를 갖는 전체 행렬은 이러한 블록들에 의해 분할되며, 각 블록은 실행된 블록으로, 전체 행렬 안에서의 위치가 blockIdx.x와 blockIdx.y로 주어진다. 공유 메모리 처리 로직에서는 단지 시각 영역 상의 위치에 해당하는 blockIdx.z를 무시한다. 다음 네 가지 수량들은 전체 행렬 안에서의 위치를 확인하며, nH는 필터의 수평방향 크기가 된다.

```
idepth = blockIdx.x * BLOCK_SIZE + threadIdx.x ; // 현재 레이어의 슬라이스
icase = blockIdx.y * BLOCK_SIZE + threadIdx.y ;  // 현재 배치 상에서 케이스의
오프셋

iheight = blockIdx.z / d_width[ilayer] ; // 시각 영역에서의 행
iwidth= blockIdx.z % d_width[ilayer] ;    // 시각 영역에서의 열

nH = 2 * d_HalfWidH[ilayer] + 1 ;              // 필터의 수평 너비
```

이 스레드는 icase 케이스에 대한 뉴런의 활성화(iheight, iwidth, idepth)를 계산
할 것이다. 이러한 네 가지 수량들은 단지 블록과 스레드의 인덱스만으로 계산된
다. 이제는 이 뉴런의 필터 가중치를 가리키는 포인터를 얻어온다. 여러 가지 이유
로 인해 idepth가 threadIdx.x와 연관된다는 중요한 사실에 주목하자. 가중치가
0으로 패딩되고 가장 빠르게 변하는 깊이에 따라 순서가 매겨진다는 점을 상기하
자. 스레드가 깊이에 따라 변하도록 하는 것도 가중치 값들이 완전하게 병합될 수
있도록 보장해준다. 또한, 하나의 레이어상에 존재하는 뉴런들의 레이아웃은 (row,
column, slice)와 같다. 그러므로 근접한 스레드는 시각 영역 상에서 동일한 위치
에 존재하게되고, 동일한 입력 활성화를 가리키게 되어, 하드웨어가 전체 워프에
걸쳐서 단 하나의 로딩된 값을 전파시킬 수 있다는 걸 의미하며, 그 결과 활성화
읽어오기의 효율성을 극대화시킬 수 있다.

또한 가중치 행렬의 패딩된 행의 길이인 wt_cols가 필요하다. 지역적으로 연결된
레이어는 nhid개의 가중치를 갖게 되며, 그 다음은 패딩 처리되어 32개의 float
타입의 배수(곧 128 바이트)가 된다. 합성곱 레이어는 깊이만큼의 가중치를 갖게되
며, 역시 128바이트에 맞아 떨어지도록 패딩된다. 아래의 코드에서 **d_depth[ilayer]**
로 곱한 결과가 사용자로 하여금, 지역적으로 연결된 레이어가 32의 배수인 깊이
를 갖도록 강력한 동기를 부여한다는 점에 주목하자. 이 점이 지역적으로 연결된
레이어에서의 완벽한 수준의 병합과 매우 좋은 수준의 병합이라는 차이를 만든다.
합성곱 레이어는 항상 완벽한 수준으로 병합된다.

```
if (local_vs_conv) {
  // 지역적으로 연결된 레이어인가 ?
  wt_cols = d_nhid_cols[ilayer] ; // 패딩된 가중치 행렬의 행의 크기
  ihid = (iheight * d_width[ilayer] + iwidth) * d_depth[ilayer] +
idepth ;
  wptr = d_weights[ilayer] + ihid ;
}

else {
  wt_cols = d_depth_cols[ilayer] ; // 패딩된 가중치 행렬의 행의 크기
```

```
    wptr = d_weights[ilayer] + idepth ;
}
```

이러한 코드는 가중치를 가리키는 포인터를 찾는 데 신경을 썼다. 이 가중치들은 내적 연산 쌍의 한 컴포넌트다. 이전 레이어에 존재하는 활성화 값들은 다른 컴포넌트에 해당한다. 첫 번째로, 이전 레이어의 활성화를 가리키는 포인터를 그 다음에는 이 이전 레이어의 크기를 얻어온다.

```
if (ilayer == 0) {
  f_inptr = d_predictors + (icase + istart) * d_n_pred ;
  n_height = d_img_rows ;
  n_width = d_img_cols ;
  n_depth = d_img_bands ;
}
else {
  actptr = d_act[ilayer-1] + icase * d_nhid[ilayer-1] ;
  n_height = d_height[ilayer-1] ;
  n_width = d_width[ilayer-1] ;
  n_depth = d_depth[ilayer-1] ;
}
```

이제 현재 레이어에서 계산 중인 뉴런들에 대응하는 이전 레이어의 사각 영역을 찾는다. 앞서 연속(비 CUDA)적인 연산의 문맥 속에서 논의 했었던 사항을 잠시 나마 다시 반복할 것이다.

현재 뉴런의 활성화를 계산하는 일은 이전 레이어에 존재하는 사각 영역에 기반한다. 이 영역의 위치는 현재 레이어의 시각 영역에 존재하는 현재 뉴런들의 위치(iheight, iwidth)에 의해 결정된다. 수직 및 수평 방향 모두, 첫 번째 필터의 중심(현재 레이어의 첫 번째 행 또는 열)은 이전 레이어를 기준으로 한 좌표로 봤을 때, HalfWidth-Pad에 위치하고, 이 첫 번째 사각 영역의 첫 번째 행/열은 -Pad에 위치한다. 이는 패딩이 적용된 경우 0 패딩 영역이 될 것이다. 명확하게 이해되지 않는다면, 직접 1차원 그림을 그려보고 확인해보길 바란다.

이를 통해 현재 레이어에 존재하는 뉴런들의 활성화에 기여하는, 이전 레이어의 사각 영역의 행과 열의 시작 및 끝을 어떻게 계산하는지 알 수 있다. 먼저 -Pad 위치에서 시작하여, 현재 레이어에서 진행하면서 스트라이드 간격씩 나아가며, HalfWidth의 두 배에 해당하는 위치에서 멈춘다. 0으로 패딩된 외곽선에 놓인 상태인지를 확인할 수 있으려면, 시작과 끝 값이 필요하며, 필터 사각 영역 안에서 현재 위치를 찾으려면 기초(base) 값이 필요하다.

```
rbase = rstart = d_strideV[ilayer] * iheight - d_padV[ilayer] ;
rstop = rstart + 2 * d_HalfWidV[ilayer] ;
cbase = cstart = d_strideH[ilayer] * iwidth- d_padH[ilayer] ;
cstop = cstart + 2 * d_HalfWidH[ilayer] ;

if (rstart < 0)
  rstart = 0 ;
if (cstart < 0)
  cstart = 0 ;

if (rstop >= n_height)
  rstop = n_height - 1 ;
if (cstop >= n_width)
  cstop = n_width - 1 ;
```

이제 내적의 두 컴포넌트들을 얻어내서 빠른 공유 메모리에 이들을 저장하기 위한 모든 준비가 끝났다. 다시 126페이지로 돌아가서 이 알고리즘의 전반적인 흐름을 빠르게 복습하길 바란다. 이제 3단계를 수행하면서, 4단계의 시작을 보여줄 차례다. 합산이 수행되는 사각 영역이 이전 레이어의 외곽선 밖에 있는 0 패딩을 포함할 수도 있으므로, 이 부분을 고려해서 내적의 컴포넌트 개수를 계산해야 한다.

prod 변수를 이 사각 영역의 각 열에 존재하는 요소들의 개수라고 하면, 이 값과 행의 개수를 곱하고 1(바이어스 항)을 더해 n_inner에 저장한다. 이 값은 앞으로 내적 과정에서 합산될 항들의 전체 개수에 해당한다. 이 변수를 inner_blocks개의 블록들로 나눈다. 이 때, 반드시 마지막에 불완전할 수 있는 블록이 있을 경우도 고려하여 포함시킨다.

```
prod = (cstop-cstart+1) * n_depth ;        // 이전 레이어 행의 크기
n_inner = (rstop-rstart+1) * prod + 1 ;  // 내적 합산에 필요한 항의 개수 (+1은 바
이어스 항)
inner_blocks = (n_inner + BLOCK_SIZE - 1) / BLOCK_SIZE ;

sum= 0.0 ;

for (inner=0 ; inner<inner_blocks ; inner++) {
  __shared__ double s_cases[BLOCK_SIZE][BLOCK_SIZE] ;
  __shared__ float s_slices[BLOCK_SIZE][BLOCK_SIZE] ;
```

이 연산을 연속적으로 수행하도록 구현했던 경우는 단지 행, 열, 슬라이스에 각각
대응하는 3개의 중첩 루프를 거치면서 더하기만 하면 됐기 때문에 코드가 상대
적으로 간단했다. 이 연산을 병렬로 수행하도록 구현하는 경우는 훨씬 더 복잡하
다. 이 연산을 병렬로 수행하도록 구현하는 경우는 합산 과정에서 각 항들이 서
로 다른 스레드에 의해 독립적으로 처리되기 때문에 훨씬 더 복잡하다. 그러므로
각 항마다 반드시 이전 레이어의 가중치와 활성화 크기를 알아내야 한다. 이는
까다로운 일이다. 먼저 가중치부터 시작하면서, 코드를 살펴보고 설명을 이어나
갈 것이다.

```
isub = inner *BLOCK_SIZE + threadIdx.y ;   // 내적 연산 루프에서의 순서를 나타내는
위치
if (isub >= n_inner)        // 내부 블록의 외곽인 경우
  value = 0.0 ;             // 마지막 블록은 불완전할 것이다.
else if (isub == n_inner-1)   // 바이어스
  value = wptr[(d_n_prior_weights[ilayer]-1) * wt_cols] ; // 바이어스는
마지막 가중치
else {
  in_row = isub / prod ;
  k= isub - in_row * prod ;
  in_col = k/ n_depth ;
  in_slice = k% n_depth ;
  in_row += rstart ;
  in_col += cstart ;
  isub = ((in_row - rbase) * nH + in_col - cbase) * n_depth + in_slice
;
```

```
    value = wptr[isub*wt_cols] ;
  }
s_slices[threadIdx.y][threadIdx.x] = value ;
```

prod 변수 값은 현재 합산 중인 내적의 각 열의 크기로써 계산된다. 순서 위치를 이 값으로 나누어 사각 영역에서의 상대적인 행을 얻고나서 이 컴포넌트를 해당 위치에서 지운다. 깊이 값으로 나누어 상대적인 열을 얻고, 슬라이스만 남는다. 사각 영역의 시작 위치를 더해 이전 레이어의 시각 영역에서의 실제 위치를 구한다.

사각 영역이 외곽을 넘어서 0 패딩된 영역까지 도달하면, 내적 합산 항들의 문맥에서, 사각 필터 영역의 좌표는 시각 영역에 존재하는 좌표들과는 더 이상 대응되지 않게 되므로, 사각 필터 영역의 상대 위치를 구하기 위해, 기본(base) 좌표를 빼서 필터 가중치 셋에서의 서브 스크립트를 구한다. start - base를 루프 바깥에 저장함으로써, 행에서의 한 동작과 열에서의 한 동작을 저장할 수 있지만, 나는 명확한 이해를 위해 이런 식으로 작성했다. 독자들이 원한다면 이 부분을 수정해도 좋다.

이전 레이어 활성화를 구하는 것은 가중치에 대해 했던 작업과 유사하다. 아래가 해당 코드이며, 몇 가지 주요 차이점들만 언급하겠다.

```
isub = inner *BLOCK_SIZE + threadIdx.x ;  // 내적 연산 루프에서의 순서를 나타내는
위치
if (isub >= n_inner)         // 내부 블록의 외곽인 경우
  value = 0.0 ;              // 마지막 블록은 불완전할 것이다.
else if (isub == n_inner-1)  // 바이어스
  value = 1.0 ;
else {
  in_row = isub / prod ;
  k= isub - in_row * prod ;
  in_col = k/ n_depth ;
  in_slice = k% n_depth ;
  in_row += rstart ;
  in_col += cstart ;
  isub = (in_row*n_width+in_col)*n_depth+in_slice ;
  if (ilayer == 0)
    value = f_inptr[isub] ;
```

```
    else
      value = actptr[isub] ;
  }
s_cases[threadIdx.y][threadIdx.x] = value ;
```

내적 루프 안에서 이 항의 순서를 나타내는 위치ordinal position를 계산한다. 가중치의 경우 threadIdx.y를 기반으로 했으며, 활성화의 경우 threadIdx.x를 기반으로 한다. 내적의 길이가 BLOCK_SIZE의 정확히 맞아 떨어지는 배수가 되는 특수한 경우를 제외하면, 마지막 블록은 불완전할 것이다. 내적의 마지막 항을 지난 경우, 이 항은 0이다. 그리고 내적 안에서 마지막에 있는 실질적인 가중치는 바이어스로, 정의에 따라 활성화 값은 항상 1이다.

가중치를 대상으로 했던것과 동일하게 시각 영역의 이전 레이어에 존재하는 이 항의 위치를 계산한다. 하지만 이는 실제로 이전 레이어의 뉴런이며, 아마도 외곽선 넘어 0 패딩으로 넘어서는 필터 가중치가 아니기 때문에 base 위치를 뺄 필요가 없다. 그래서 첫 번째 은닉층인 경우, 단지 입력 이미지를 이용하고, 이외의 경우 이전 은닉층의 활성화 값을 가져오기만 하면 된다.

이제 남은 일은 모든 워프에서 가중치와 활성화 데이터를 메모리에 로딩하는 일을 마칠 때까지 기다리는 것으로, 내적 연산 대상 요소들 중 이번 절에 해당하는 BLOCK_SIZE개의 항들을 합산하고, 모든 워프에서 이 연산이 완료될 때까지 기다린 다음, 쌍곡선 탄젠트 활성화 함수를 적용하여 최종 결과 값을 저장한다.

```
__syncthreads () ;                // 모든 공유 메모리에 로딩 완료될 때까지 대기

for (k=0 ; k<BLOCK_SIZE ; k++)   // BLOCK_SIZE 개의 컴포넌트들을 합산
  sum+= s_cases[threadIdx.y][k] * s_slices[k][threadIdx.x] ;

__syncthreads () ;                // 모든 워프들이 합산 연산을 완료할 때까지 대기

} // inner루프

if (sum> MAX_EXP)                 // 활성화 함수
  sum= 1.0 ;
else {
```

```
   sum= exp ( 2.0 * sum) ;
   sum= (sum- 1.0) / (sum+ 1.0) ;
}

n_width = d_width[ilayer] ;
n_depth = d_depth[ilayer] ;
actptr = d_act[ilayer] ; // 활성화 값
ihid = (iheight * n_width + iwidth) * n_depth + idepth ; // (height,
width, depth) 순차
actptr[icase*d_nhid[ilayer]+ihid] = sum;
}
```

계산된 활성화 값을 저장하는 데 있어서, 한 가지 주목해야할 부분이 있다. 깊이 값이 활성화 벡터 상에서 가장 빠르게 변화하고 idepth가 threadIdx.x에 따라 변화하기 때문에 아무리 안 좋아도 이러한 저장은 매우 잘 병합될 것이다. BLOCK_ SIZE, n_depth, d_nhid[ilayer] 값들은 모두 16의 배수이며(활성화 값의 자료형 은 double이지 float 타입이 아니다), 저장된 내용은 완벽하게 병합될 것이다. 이는 사 용자가 그러한 값을 아키텍처 안에서 선택할 수 있도록 다시 한 번 강력한 동기를 부여한다.

실행 코드

이번 논의를 시작하면서, 어떻게 공유 메모리 기반으로 호스트 코드에서 활성화 연산을 수행하는지 보여주는 간단한 코드를 살펴봤었다. 실제로는 그림 4.1에 나 와 있는 것처럼, BLOCK_SIZE의 정수 배로 정확이 맞아 떨어지기를 기대하긴 힘들 다는 사실 때문에 이보다 훨씬 더 복잡하게 수행된다. 이제 실행 코드에 대해 논의 를 시작해보자. 먼저 아래 코드를 살펴보면, 충분한 슬라이드나 배치 케이스들이 없는 경우, 114페이지에서 봤던 비공유 메모리 버전으로 구현한다.

```
int cuda_hidden_activation_LOCAL_CONV_shared (
   int local_vs_conv ,    // 지역적 혹은 합성곱 레이어인지 판별할 변수
   int istart ,           // 현재 배치 상에서 첫 번째 케이스
   int istop ,            // 마지막 직전 케이스
```

```
    int nhid ,            // 현재 레이어에서 은닉 뉴런들의 개수
    int n_slices ,        // 현재 레이어 깊이
    int ilayer            // 처리 대상 레이어
)
{
  int nc, warpsize, threads_per_block;
  dim3 thread_launch, block_launch ;
  cudaError_t error_id ;

/*
가능하다면 (일반적으로는 가능할 것이다) ,
최대한 효율성이 더 좋은 공유메모리로 처리하도록 한다.
그렇게 하기 힘든 경우,  그냥 비-공유 메모리 방식을 사용한다.
*/

  nc = istop - istart ;

  if (n_slices < BLOCK_SIZE || nc < BLOCK_SIZE)
    return;
    cuda_hidden_activation_LOCAL_CONV (local_vs_conv , istart , istop
, nhid , n_slices , ilayer ) ;
```

전체 슬라이스 및 케이스 셋 안에서 들어맞는 완전한 블록 셋을 처리하기 위한 실행 코드는 다음과 같이 간단하다.

```
thread_launch.x = BLOCK_SIZE ;
thread_launch.y = BLOCK_SIZE ;
thread_launch.z = 1 ;

block_launch.x = n_slices / BLOCK_SIZE ;
block_launch.y = nc / BLOCK_SIZE ;
block_launch.z = nhid / n_slices ;   // 높이 x 너비; 시각 영역 크기

device_hidden_activation_LOCAL_CONV_shared
  <<< block_launch , thread_launch >>> ( local_vs_conv , istart ,
ilayer ) ;

cudaDeviceSynchronize() ;
```

이제 BLOCK_SIZE의 배수를 넘어갈 수도 있는 슬라이스 및 케이스들과 관련된 약간의 문제되는 부분을 처리해보겠다. 이러한 범위 초과는 그림 4.1에 나와 있다. 114페이지에 소개된 비-공유 메모리 버전을 이용해서 연관되지 않는 슬라이스 및 케이스들을 지워버린다. 첫 번째로, 상단에서부터 하단까지 전체 범위의 우측 돌출부 (슬라이스)를 처리한다.[2]

```
if (n_slices % BLOCK_SIZE) {                    // 돌출부가 있는가?
  threads_per_block= n_slices % BLOCK_SIZE ;    // 이 만큼의 돌출부가 존재
  block_launch.x = 1 ;
  block_launch.y = nhid / n_slices ;            // 높이 * 너비; 시각 영역 크기
  block_launch.z = nc ; // 상단부터 하단까지의 모든 케이스들

  device_hidden_activation_LOCAL_CONV
    <<< block_launch , threads_per_block>>>
    ( local_vs_conv , istart , 0 ,
    n_slices / BLOCK_SIZE * BLOCK_SIZE , n_slices % BLOCK_SIZE ,
ilayer ) ;

  cudaDeviceSynchronize() ;
```

그 다음 하단 돌출부(케이스들)를 지워버린다. 조금 전에 슬라이스들을 처리했을 때, 하단까지 진행했기 때문에 이 블록들 아래의 사각 영역을 곧바로 처리하기만 하면 된다.

```
if (nc % BLOCK_SIZE) { // 돌출부가 있는가?
  warpsize = deviceProp.warpSize ; // 워프 당 스레드의 수(32의 배수)
  threads_per_block= (n_slices / BLOCK_SIZE * BLOCK_SIZE + warpsize - 1)
/ warpsize * warpsize ; // 블록이 커버하는 슬라이스 개수

  if (threads_per_block> 4 * warpsize)
    threads_per_block= 4 * warpsize ;

  block_launch.x = (n_slices / BLOCK_SIZE * BLOCK_SIZE + threads_per_
block- 1) / threads_per_block;
  block_launch.y = nhid / n_slices ; // 높이 *너비; 시각 영역 크기
```

---

2 돌출부는 그림 4.1에서 점선 밖 영역, 즉 블록으로 나눠 떨어지지 못한 나머지 부분을 의미한다. – 옮긴이

```
  block_launch.z = nc % BLOCK_SIZE ;

  device_hidden_activation_LOCAL_CONV
    <<< block_launch , threads_per_block>>>
    ( local_vs_conv , istart, nc / BLOCK_SIZE * BLOCK_SIZE , 0 , n_
  slices / BLOCK_SIZE * BLOCK_SIZE , ilayer ) ;

  cudaDeviceSynchronize() ;

  return 0 ;
}
```

풀링 레이어의 활성화 계산

풀링 레이어의 활성화를 계산하는 일은 두 가지 이유로 인해서, 마지막 두 개의 절에서 살펴봤던 내용보다 훨씬 더 쉽다. 첫 번째로, 전역 메모리로부터 로딩할 최적화 가능한 가중치가 없다. 즉, 매핑 함수가 고정돼 있다. 두 번째로, 0 패딩이 적용되지 않는다. 이는 외곽선 바깥 영역을 처리하기 위해 복잡한 로직을 고려할 필요가 없다는 걸 의미한다. 먼저 실행 코드부터 살펴보자.

```
int cuda_hidden_activation_POOLED (
  int avg_vs_max ,     // 현재 레이어가 POOLAVG (또는 POOLMAX) 레이어인가?
  int istart ,          // 현재 배치 상에서 첫 번째 케이스
  int istop ,           // 마지막 직전 케이스
  int nhid ,            // 현재 레이어에서 은닉 뉴런들의 개수
  int n_slices ,        // 현재 레이어 깊이
  int ilayer            // 처리 대상 레이어
)
{
  int warpsize, threads_per_block;
  dim3 block_launch ;
  cudaError_t error_id ;

  warpsize = deviceProp.warpSize ; // 워프 당 스레드 수(32배수)
```

```
  threads_per_block= (n_slices + warpsize - 1) / warpsize * warpsize
;
  if (threads_per_block> 4 * warpsize)
    threads_per_block= 4 * warpsize ;

  block_launch.x = (n_slices + 스레드 _per_block- 1) / threads_per_
block;
  block_launch.y = nhid / n_slices ; // 높이 x 너비; 시각 영역 크기
  block_launch.z = istop - istart ;

  device_hidden_activation_POOLED <<< block_launch , threads_per_
block>>>
    ( avg_vs_max , istart , istop , ilayer ) ;

  cudaDeviceSynchronize() ;

  return 0 ;
}
```

앞서 실행 코드에서 스레드가 현재 레이어에서 계산되는 슬라이스를 결정하는 것을 확인했었다. 현재 레이어의 시각 영역 안에서의 위치는 앞에서 했던 것과 같이 y 블록 좌표로 인코딩되며, 케이스는 블록 안에서 z 좌표로 인코딩된다. GPU측 코드는 다음과 같다.

```
__global__ void device_hidden_activation_POOLED (
  int avg_vs_max ,    // 현재 레이어가 POOLAVG (또는 POOLMAX) 레이어인가?
  int istart ,        // 현재 배치 상에서 첫 번째 케이스
  int ilayer          // 처리 대상 레이어
)
{
  int icase, iheight, iwidth, idepth, n_width, n_depth, ihid ;
  int rstart, rstop, cstart, cstop, in_row, in_col, *poolmax_id_ptr ;
  float *f_inptr ;
  double x, *actptr, value ;

  idepth = blockIdx.x * blockDim.x + threadIdx.x ;

  if (idepth >= d_depth[ilayer])
```

```
   return;

 n_width = d_width[ilayer] ;
 n_depth = d_depth[ilayer] ;

 iheight = blockIdx.y / n_width ; // 시각 영역에서의 위치 값을 구한다.
 iwidth= blockIdx.y % n_width ;
 ihid = (iheight * n_width + iwidth) * n_depth + idepth ; // 레이어상의
순서 위치
```

(iheight, iwidth, idepth) 좌표를 구하고 뉴런의 활성화 값과 현재 레이어에서의 순서 위치 ihid를 계산할 차례다. idepth를 스레드와 연관시키는 것이 매우 중요하다는 점에 주목하자. 이는 근접한 스레드가 동일한 입력을 참조하도록 해줘서, 효율적인 메모리 사용을 가능케 해준다. 왜? 스레드가 실행되면서, 현재 레이어의 시각 영역 위치가 그대로 유지되므로, 이전 레이어에서 참조되는 사각 영역이 이동하지 않는다. 워프 안의 첫 번째 스레드의 입력이 전역 메모리로부터 로딩될 때, 이 메모리 로드가 전체 워프로 전파되서, 다른 모든 전역 메모리 로딩 부하를 절약해준다.

```
icase = blockIdx.z ;
```

이제 현재 레이어에 존재하는 뉴런의 활성화를 결정하는 이전 레이어의 사각 영역 위치를 계산한다. 패딩이 외곽선에 미치는 효과에 대해 걱정할 필요가 없기 때문에 이는 간단한 일이다.

```
rstart = d_strideV[ilayer] * iheight ;
rstop = rstart + d_PoolWidV[ilayer] - 1 ;
cstart = d_strideH[ilayer] * iwidth;
cstop = cstart + d_PoolWidH[ilayer] - 1 ;
```

일반적인 경우 더 초기에 발생하는 활성화에 대한 상황에 대해 확인했었듯이, 첫 번째 은닉층(입력단에서 데이터를 전달받는)과 이후에 이어지는 은닉층(이전 활성화 데이터를 전달받는)에 대해 동일한 코드를 반복해서 적용해야 한다. 이는 입력단에서 float 포인터를 사용하며, 활성화는 double 포인터를 사용하기 때문이다. 내부의 루프 안에서 결정하는 것은 너무나도 느려질 것이다.

```
if (ilayer == 0) { // 입력 이미지를 전달 받는 첫 번째 은닉층
  f_inptr = d_predictors + (icase + istart) * d_n_pred ;

  if (avg_vs_max) {
    value = 0.0 ; // 평균을 구하기 위해 합산할 변수
    for (in_row=rstart ; in_row<=rstop ; in_row++) { // 사각 영역을 합산
      for (in_col=cstart ; in_col<=cstop ; in_col++)
        value += f_inptr[(in_row*d_img_cols+in_col)*d_img_
bands+idepth] ;
      } // in_row 루프 종료
    value /= d_PoolWidV[ilayer] * d_PoolWidH[ilayer] ;
    }

  else {
    poolmax_id_ptr = &d_poolmax_id[ilayer][ihid] + icase * d_
nhid[ilayer] ;
    value = -1.e60 ; // 최댓값을 추적
    for (in_row=rstart ; in_row<=rstop ; in_row++) { // 사각 영역에서 최
대치 체크
      for (in_col=cstart ; in_col<=cstop ; in_col++) {
        x = f_inptr[(in_row*d_img_cols+in_col)*d_img_bands+idepth]
;
        if (x > value) {
          value = x ;
          *poolmax_id_ptr = in_row * d_img_cols + in_col ; // 최대치의
id 저장
          }
        } // in_col 루프 종료
      } // in_row 루프 종료
    } // POOLMAX
  } // 첫 번째 은닉층인 경우 종료
```

60페이지에서 연속적으로 수행되는 코드에서 구현했던 방식처럼, 최대 풀링에 대
해서 최대 사각 영역을 갖는 이전 레이어에 존재하는 뉴런의 ID를 저장한다. 이렇
게 하면 풀링 레이어에서 델타 값들을 역전파시킬 때 간편해진다. 위 코드와 근본
적으로 거의 동일한 내용을 담고 있는 나머지 GPU 코드는 다음과 같다. 마지막
라인에서, 계산된 활성화 값을 저장할 때, ihid가 idepth에 따라 변화한다. 이는

threadIdx.x에 따라 차례로 변화한다. 그 결과, 적어도 매우 좋은 병합이, 때로는 완벽한 병합이 이뤄진다.

```
else {
  actptr = d_act[ilayer-1] + icase * d_nhid[ilayer-1] ; // 이전 레이어 활성
화 벡터
  n_width = d_width[ilayer-1] ; // 이전 레이어 크기
  n_depth = d_depth[ilayer-1] ;

  if (avg_vs _max) {
    value = 0.0 ;
    for (in_row=rstart ; in_row<=rstop ; in_row++) {
      for (in_col=cstart ; in_col<=cstop ; in_col++)
        value += actptr[(in_row*n_width+in_col)*n_depth+idepth] ;
      } // in_row 루프 종료
    value /= d_PoolWidV[ilayer] * d_PoolWidH[ilayer] ;

  else {
    poolmax_id_ptr = &d_poolmax_id[ilayer][ihid] + icase * d_
nhid[ilayer] ;
    value = -1.e60 ;
    for (in_row=rstart ; in_row<=rstop ; in_row++) {
      for (in_col=cstart ; in_col<=cstop ; in_col++) {
        x = actptr[(in_row*n_width+in_col)*n_depth+idepth] ;
        if (x > value) {
          value = x ;
          *poolmax_id_ptr = in_row * d_width[ilayer-1] + in_col ; //
최대치의 id 저장
          }
        } // in_col 루프 종료
      } // in_row 루프 종료
    } // POOLMAX
  }
actptr = d_act[ilayer] ;
actptr[icase*d_nhid[ilayer]+ihid] = value ;
}
```

연산 절감 기법을 적용한 SoftMax와 로그 발생 가능 확률

출력 활성화 루틴은 각 출력 뉴런의 logit만 계산한다. SoftMax 변환을 수행하기 위해서 우리는 반드시 별개의 루틴을 호출해야 한다. 그 다음, 멋진 연산 절감 기법을 적용해서 전체 훈련 셋에 대한 로그 발생 가능 확률 함수를 계산한다. SoftMax 변환은 비중이 거의 미미한 수준이므로, 이 부분은 몇 가지 코드 부분만 짚고 넘어갈 것이다. 그리고 로그 발생 가능 확률의 절감은 이 책 시리즈의 1권에서 매우 깊이 있게 다루고 있다. 이 주제가 꽤 복잡한 내용이기 때문에 굳이 그 긴 내용을 다시 반복하면서 페이지를 낭비할 필요는 없을 것이다. SoftMax와 마찬가지로 독자들이 1권을 읽고 명확하게 이해하리라 믿고, 이번 절은 단지 몇 가지 부분만 짚고 넘어가겠다.

SoftMax 변환을 위한 실행 코드는 다음과 같으며, GPU 코드가 그 다음에 이어진다.

```
int cuda_softmax (
  int istart ,  // 현재 배치에서의 첫 번째 케이스
  int istop     // 마지막 직전 케이스
)
{
  int n, warpsize, blocks_per_grid, threads_per_block;
  cudaError_t error_id ;

  warpsize = deviceProp.warpSize ; // 워프 당 스레드 수,

  n = istop - istart ;              // 케이스 개수

  threads_per_block= (n + warpsize - 1) / warpsize * warpsize ;
  if (threads_per_block> 4 * warpsize)
    threads_per_block= 4 * warpsize ;

  blocks_per_grid = (n + threads_per_block- 1) / threads_per_block;

  device_softmax <<< blocks_per_grid , threads_per_block>>> ( istart
, istop ) ;
```

```
cudaDeviceSynchronize() ;
return 0 ;
}
```

이것은 매우 간단한 1차원 개념의 런치다. 그래서 현재 처리 중인 데이터 서브 셋뿐만 아니라, 전체 훈련 케이스에 대해서 출력 활성화 값들이 저장되기 때문에 시작과 끝에 해당하는 케이스들을 파라미터로써 전달한다. 그러므로 연산을 적절히 오프셋시키기 위해서는 시작 케이스가 필요하며, 얼마나 많이 수행할지 알기 위해서 끝 케이스가 필요한 것이다.

엔비디아의 개발 시스템이 여러 가지 타입의 기하급수 함수(속도와 정확도 간의 트레이드 오프 관계를 갖는다)를 허용한다는 점에 주목하자. 하지만 이 루틴의 전체 연산 시간이 차지하는 비중이 극도로 작기 때문에 여기서 속도는 고려하지 않겠다.

```
__global__ void device_softmax (
  int istart ,  // 현재 배치에서의 첫 번째 케이스
  int istop     // 마지막 직전 케이스
)
{
  int icase, iout ;
  double *outptr, sum;

  icase = blockIdx.x * blockDim.x + threadIdx.x ;

  if (icase >= istop - istart)
    return;

  outptr = d_output + (icase + istart) * d_n_classes ; // 현재 케이스의 출
력 벡터
  sum= 0.0 ;

  for (iout=0 ; iout<d_n_classes ; iout++) {
    if (outptr[iout] < MAX_EXP) // 오버플로우 방지
    outptr[iout] = exp ( outptr[iout] ) ;
  else
    outptr[iout] = exp ( MAX_EXP ) ;
  sum+= outptr[iout] ;
```

```
  }

  for (iout=0 ; iout<d_n_classes ; iout++) outptr[iout] /= sum;
}
```

로그 발생 가능 확률 연산에 대한 런치 코드는 다음과 같다. 스레드들의 개수인 REDUC_THREADS는 반드시 2의 제곱수이어야 하며, 여기에 주어진 블록의 개수인 REDUC_BLOCKS는 최대치에 해당한다. 실제 런타임에서는 아마도 더 적은 값을 가질 것이다. reduc_fdata가 REDUC_BLOCKS 길이의 float 타입 배열이고, 초기화 과정에서 메모리를 할당받는다는 점에 주목하자.

```
#define REDUC_THREADS 256
#define REDUC_BLOCKS 64

int cuda_ll (
  int n ,       // 값의 개수; 즉 n_cases
  double *ll    // 계산된 로그 발생 가능 확률을 반환받을 변수
)
{
  int i, blocks_per_grid ;
  double sum;
  cudaError_t error_id ;

  blocks_per_grid = (n + REDUC_THREADS - 1) / REDUC_THREADS ;
  if (blocks_per_grid > REDUC_BLOCKS)
    blocks_per_grid = REDUC_BLOCKS ;

  device_ll <<< blocks_per_grid , REDUC_THREADS >>> () ;
  cudaDeviceSynchronize() ;

  error_id = cudaMemcpy ( reduc_fdata , h_ll_out , blocks_per_grid *
sizeof(float) , cudaMemcpyDeviceToHost ) ;

  sum= 0.0 ;
  for (i=0 ; i<blocks_per_grid ; i++)
    sum+= reduc_fdata[i] ;
  *ll = sum;
```

```
    return 0 ;
}
```

병렬 처리를 통한 연산 절감 기법에 익숙하지 않은 독자들에겐 이번에 다룰 GPU 코드가 그야말로 완전히 암호문처럼 보일 것이다. 이번에 이 부분에 대해 간략하게 논의하겠으나, 나의 설명이 부족하다고 느껴지면, 독자들은 1권에서 상세하게 단계별로 설명하는 내용을 확인해야 한다.

절감은 3가지로 구별되는단계에 걸쳐 일어난다. 첫 번째 단계에서 스레드는 "블록당 스레드"와 "블록 개수"를 곱한 만큼씩 건너 뛰면서, 전체 케이스 개수가 일반적으로 이렇게 곱한 값보다 크기 때문에 서로 협력적으로 개개의 케이스 로그 발생 가능 확률을 합산한다. 각 스레드들마다 합산한 부분합은 속도가 빠른 공유 메모리에 저장된다. 두 번째 단계는 루프를 거치면서 이렇게 늘려나간 인덱스 값을 이등분하며 부분 합을 짝으로 나눈다. 세 번째 단계는 위에 나와 있는 실행 코드에서 수행된다. 즉, 최종 합산을 수행한다.

```
__global__ void device_ll ()
{
  __shared__ double partial_ll[REDUC_THREADS] ;
  int i, n, n_classes, index ;
  double sum_ll ;

  index = threadIdx.x ;
  n = d_ncases ;
  n_classes = d_n_classes ;

  sum_ll = 0.0 ;
  for (i=blockIdx.x*blockDim.x+index ; i<n ; i+=blockDim.x*gridDim.x)
    sum_ll -= log ( d_output[i*n_classes+d_class[i]] + 1.e-30 ) ;

  partial_ll[index] = sum_ll ;
  __syncthreads() ;

  for (i=blockDim.x>>1 ; i; i>>=1) {
    if (index < i)
      partial_ll[index] += partial_ll[index+i] ;
```

```
     __syncthreads() ;
   }

 if (index == 0)
   d_ll_out[blockIdx.x] = partial_ll[0] ;
}
```

출력층의 델타 값 계산

출력 델타 벡터를 계산하고, 이를 this_delta에 위치시키는 루틴은 이 책에 나열
해놓기엔 너무 사소한 부분이지만, 여기서는 참조만 한다. 실행 코드를 첫 번째로,
그 다음은 GPU 코드를 이어나가겠다.

```
int cuda_output_delta (
  int istart ,  // 현재 배치에서 첫 번째 케이스
  int istop ,   // 마지막 직전 케이스
  int ntarg     // 목표(출력, 클래스) 개수
)
{
  int warpsize, threads_per_block;
  dim3 block_launch ;
  cudaError_t error_id ;

  warpsize = deviceProp.warpSize ; // 워프 당 스레드 수,

  threads_per_block= (ntarg + warpsize - 1) / warpsize * warpsize ;
  if (threads_per_block> 4 * warpsize)
    threads_per_block= 4 * warpsize ;

  block_launch.x = (ntarg + threads_per_block- 1) / threads_per_block;
  block_launch.y = istop - istart ;
  block_launch.z = 1 ;
  device_output_delta <<< block_launch , threads_per_block>>> ( istart
) ;

  cudaDeviceSynchronize() ;
```

```
      return 0 ;
}
```

이러한 코드에서 스레드가 출력 뉴런들에 대해 사용되는 걸 확인할 수 있다. 다른 대부분의 애플리케이션들의 경우, 심지어 단 하나의 워프를 채우기에도 클래스가 충분치 못한 경우가 부지기수이기 때문에 이런 방식은 어리석은 짓일 수도 있다. 하지만 이것이 가장 간단한 접근법이며, 이 루틴이 차지하는 실행 시간이 전체 실행 시간에 비하면 터무니없이 작기 때문에 이 경우 효율성이 중요한 게 아니다.

GPU측 코드는 그저 식 (2.12)를 그대로 구현한 것에 불과하다. 아래 사항들을 염두에 두길 바란다.

- 초기화 과정에서, d_class 벡터가 계산된다. 이 벡터는 훈련 셋에 존재하는 모든 케이스들이 정수형(0부터 시작하는) 클래스 ID를 갖는다. 이 코드는 책에 나와 있지 않지만, MOD_CUDA.cu 코드에서 확인할 수 있다.

- d_output 벡터는 훈련 셋에 존재하는 모든 케이스들에 대한 출력 결과를 포함하고 있다. 그러므로 이 벡터의 인덱스는 반드시 현재 처리 중인 배치 상의 첫 번째 케이스에 해당하는 istart값으로 오프셋돼야 한다.

- 다른 대부분의 GPU 메모리 저장공간과 마찬가지로 d_this_delta 변수는 현재 처리 중인 배치 상에서의 이러한 케이스들에 대해서만 델타 값들을 저장해 놓는다. 그러므로 이 변수의 인덱스는 istart로 오프셋시키지 않는다.

- d_output과 d_this_delta 모두 가장 빠르게 변화하는 출력 뉴런에 따라 순서를 매긴다(완전히 연결된 레이어의 경우 깊이에 해당한다). 그러므로 메모리는 두 변수 모두 매우 좋은 병합으로 액세스된다.

```
__global__ void device_output_delta (
  int istart // 현재 배치 상에서 첫 번째 케이스
)
{
  int icase, iout ;
  double target ;
```

```
iout = blockIdx.x * blockDim.x + threadIdx.x ;

if (iout >= d_n_classes)
  return;

icase = blockIdx.y ;
target = (iout == d_class[istart+icase]) ? 1.0 : 0.0 ;

d_this_delta[icase*d_n_classes+iout] =
  target - d_output [ (istart + icase) * d_n_classes + iout ] ;
}
```

완전히 연결된 레이어로부터의 역전파

이번 절에서는 완전히 연결된 레이어에서 이전 레이어(어떠한 타입이든지)로 역전
파되는 델타를 계산하는 코드를 다룬다. 이 코드는 간단한 2차원의 형태로 실행된
다. 각 케이스별로 블록 또는 블록 셋을 갖는다. 하나의 블록 안에 존재하는 스레
드는 수신receiving 레이어(델타 값이 이미 존재하는 완전히 연결된 레이어 이전에 위치하는
레이어)의 은닉 뉴런들과 연관된다. 다음 코드에서 ilayer 레이어는 역전파된 델
타값을 받아들이고, ilayer+1번째 레이어는 완전히 연결된 레이어다. 실행 코드
는 다음과 같다.

```
int cuda_backprop_delta_FC (
  int nc ,        // 배치 상에서의 케이스 개수
  int ilayer ,    // 현재 처리 중인 은닉층의 인덱스
  int nhid_this   // 현재 레이어에서 은닉 뉴런들의 개수
)
{
  int warpsize, threads_per_block;
  dim3 block_launch ;
  cudaError_t error_id ;

  warpsize = deviceProp.warpSize ; // 워프 당 스레드 수
```

```
  threads_per_block= (nhid_this + warpsize - 1) / warpsize * warpsize
;
  if (threads_per_block> 4 * warpsize)
    threads_per_block= 4 * warpsize ;

  block_launch.x = (nhid_this + threads_per_block- 1) / threads_per_
block;
  block_launch.y = nc ;
  block_launch.z = 1 ;

  device_backprop_delta_FC <<< block_launch , threads_per_block>>> (
ilayer ) ;

  cudaDeviceSynchronize () ; return 0 ;
}
```

GPU 코드는 다음과 같으며, 주석을 적절히 달아놓았다.

```
__global__ void device_backprop_delta_FC (
  int ilayer// ilayer에서 ilayer+1로 전달되므로, ilayer+1는 완전히 연결된 레이어다.
)
{
  int j, icase, ihid, nhid, n_next ;
  float *next_weights ;
  double *delta_ptr, *prior_delta_ptr, this_act, delta ;

  ihid = blockIdx.x * blockDim.x + threadIdx.x ;
  nhid = d_nhid[ilayer] ; // 현재 은닉층의 뉴런들

  if (ihid >= nhid)
  return;

  icase = blockIdx.y ;
```

이제 다음 레이어에 존재하는 뉴런들의 개수와 현재 레이어 다음 레이어를 연결하는 가중치 벡터를 구한다. 자주 사용되는 가중치 데이터에 대해 완벽한 병합의 액세스를 하기 위해서, 128바이트의 배수에 맞아 떨어지도록 0으로 패딩된다는

점을 상기하자. 이러한 이유로, 패딩된 크기들에 해당하는 d_nhid_cols와 d_n_classes_cols를 곱해주는 것이다. 이 주제는 106페이지에서 논의한다. 안타깝게도, 이는 이 특별한 루틴의 적합한 병합을 무너뜨려 버린다. 다행히, 이 루틴은 일반적으로 전체 애플리케이션 실행 시간 중에서 극히 미미한 부분만을 요구하므로, 속도가 중요하긴 한다. 게다가, 무거운 배정밀도(double-precision) 연산은 액세스 시간을 숨기는 훌륭한 일을 수행한다. 그러므로 이는 전혀 문제되지 않는다.

```
if (ilayer == d_n_layers-1) {// 다음 레이어가 출력층인 경우
  n_next = d_n_classes ;
  next_weights = d_weights[ilayer+1] + ihid * d_n_classes_cols ;
}
else {     // 다음 레이어가 은닉층인 경우
  n_next = d_nhid[ilayer+1] ;
  next_weights = d_weights[ilayer+1] + ihid * d_nhid_cols[ilayer+1] ;
}
```

이때, d_this_delta는 다음 레이어에 대한 델타로, 이미 계산돼있다. 이제 d_prior_delta를 계산한다. 이 배열들은 배열 값에 액세스하는 것이 매우 잘 병합돼 있으며, 속도가 크게 중요치 않기 때문에 0으로 패딩되지 않는다.

```
delta_ptr = d_this_delta + icase * n_next ;        // 이미 존재
prior_delta_ptr = d_prior_delta + icase * nhid ;  // 현재 계산 중
```

그 다음 몇 줄의 코드 라인은 식 (2.19)를 그대로 구현한 것이다. 이 루프는 이 방정식의 합산을 수행하는 부분이다. 그 다음, 비선형 활성화 함수를 갖는 레이어에 대해서, 활성화 함수의 도함수를 곱해줘서 이 방정식을 완료한다. 이 도함수는 식 (2.15)로 주어진다.

```
delta = 0.0 ;
for (j=0 ; j<n_next ; j++)
  delta += delta_ptr[j] * next_weights[j] ;

if (d_layer_type[ilayer] == TYPE_FC ||
  d_layer_type[ilayer] == TYPE_LOCAL ||
  d_layer_type[ilayer] == TYPE_CONV) {
    this_act = d_act[ilayer][icase*nhid+ihid] ;
```

```
      delta *= 1.0 - this_act * this_act ; // 미분 계산; 식 (2.15)
   }
   prior_delta_ptr[ihid] = delta ;   // 다음 레이어에서 처리하기 위해 저장
}
```

합성곱 레이어와 지역적 레이어의 역전파

합성곱 레이어와 지역적으로 연결된 레이어의 역전파를 구현한 코드를 84페이지에서 다뤘을 때, 연속으로 수행되는 코드의 연산을 처리하는 가장 효율적인 방법으로써, 합산 순서를 역순으로 뒤바꿔서 수행했었다. 하지만 병렬로 수행되는 CUDA 코드에서는 각 스레드가 현재 레이어에 존재하는 단일 뉴런을 처리하기 때문에 원래 순서에 따라 합산하는 게 더욱 효율적이다.

다음에 아주 간단한 실행 코드를 수록했다. 기존에 계산된 합성곱 또는 지역적으로 연결된 레이어인 ilayer+1번째 레이어의 델타 값들을 이용해서 ilayer 레이어에 대한 델타 값을 계산한다는 점을 상기하자.

```
int cuda_backprop_delta_nonpooled (
   int nc ,          // 배치에서의 케이스 개수
   int ilayer ,      // 현재 처리 중인 은닉층, ilayer+1부터 시작
   int nhid_this     // 현재 레이어에서 은닉 뉴런들의 개수
)
{
   int warpsize, threads_per_block;
   dim3 block_launch ;
   cudaError_t error_id ;

   warpsize = deviceProp.warpSize ; // 워프 당 스레드 수

   threads_per_block= (nhid_this + warpsize - 1) / warpsize * warpsize
;
   if (threads_per_block> 4 * warpsize)
     threads_per_block= 4 * warpsize ;

   block_launch.x = (nhid_this + threads_per_block- 1) / threads_per_
```

```
block;
  block_launch.y = nc ;
  block_launch.z = 1 ;

  device_backprop_delta_nonpooled <<< block_launch , threads_per_
block>>> (ilayer);

  cudaDeviceSynchronize() ;

  return 0 ;
}
```

GPU 코드는 식 (2.19)를 그대로 구현한 것이다. 하지만 이는 하나의 레이어에서 그 다음 레이어로, 거꾸로 매핑되기 때문에 약간 복잡한 점이 있다. 주어진 레이어 상의 어떤 뉴런을 선택한 다음, 이 뉴런을 도출하기 위해 이전 레이어에서 사용된 활성화 사각 영역 상에 존재하는 뉴런들을 결정하는 것은 쉬운 일이다. 이미 이 작업은 여러 차례 수행해왔다. 하지만 반대로 어떤 주어진 레이어상의 한 뉴런이 주어졌을 때, 이 뉴런이 데이터를 전달하는 다음 레이어상의 뉴런이 무엇인지 도출하는 것은 쉽지 않은 일이다. 이 루틴을 구현한 대부분의 GPU 코드는 이러한 작업을 수행하는 데 비중을 두고 있다. 호출 파라미터 리스트와 루틴의 소개부는 다음과 같다.

```
__global__ void device_backprop_delta_nonpooled (
  int ilayer    // ilayer에서 ilayer+1로 전파되므로, ilayer+1는 지역적 또는 합성곱
레이어
  )
{
  int k, icase, ihid, next_row, next_col, next_slice, this_row, this_
col, this_slice ;
  int nH, k_next, wt_cols, rstart, cstart, prod, ltype ;
  int strideH, strideV, padH, padV, height, width, depth ;
  int next_rstart, next_rstop, next_cstart, next_cstop ;
  float *weights, *wtptr ;
  double *this_delta_ptr, *prior_delta_ptr, this_act, sum;
```

```
ihid = blockIdx.x * blockDim.x + threadIdx.x ;

if (ihid >= d_nhid[ilayer])
    return;
```

이 부분은 코드의 첫 번째 블록으로, 뉴런 ihid의 (row, column, slice) 좌표를 구한다. 여기에 우리가 계산하려는 델타를 갖는 뉴런이 위치한다. 그런 다음 케이스를 구해서 현재 레이어와 다음 레이어를 연결해주는 필터의 수평 너비를 계산한다.

```
prod = d_width[ilayer] * d_depth[ilayer] ;
this_row = ihid / prod ;
k= ihid - this_row * prod ;
this_col = k/ d_depth[ilayer] ;
this_slice = k% d_depth[ilayer] ;

icase = blockIdx.y ;

nH = 2 * d_HalfWidH[ilayer+1] + 1 ; // 필터의 수평 크기
```

이제 다음 레이어의 델타(이미 알고 있는)를 가리키는 포인터를 구하고, 현재 레이어의 델타(이제 계산할)를 구한다. 종종 나중에 참조해야 할 수도 있는 레지스터의 구조적인 상세 정보를 모아 놓는 것이 효율적이다.

```
this_delta_ptr = d_this_delta + icase * d_nhid[ilayer+1] ;
prior_delta_ptr = d_prior_delta + icase * d_nhid[ilayer] ;

ltype = d_layer_type[ilayer+1] ;
strideV = d_strideV[ilayer+1] ;
strideH = d_strideH[ilayer+1] ;
padV = d_padV[ilayer+1] ;
padH = d_padH[ilayer+1] ;
height = d_height[ilayer+1] ;
width = d_width[ilayer+1] ;
depth = d_depth[ilayer+1] ;
```

그 다음 몇 줄의 코드 라인들은 매핑 방향을 뒤바꾸는 핵심적인 부분이다. 코드 앞에 두 줄의 주석을 이해하길 바란다. 우리는 이 내용을 정수형 산술 연산에서 수행할 수 있다. 필요하다면, 이전 레이어를 되돌아 볼 때 활성화 사각 영역이 현재 좌표에서 시작해서, 스트라이드 단위로 next만큼 건너뛴 다음 Pad만큼 다시 빼고, 나중에 절반 너비의 두 배 거리에서 끝나는 원리를 60페이지의 절을 검토하면서 확실히 이해하길 바란다. 이 방향을 역순으로 뒤바꾸려면(조심스럽게!), 특히 시작할 때 나눗셈이 정확히 나눠떨어지지 않은 경우, 나눈 다음의 나머지 부분을 그 다음으로 이동시키는 점에 주목하자.

```
// this >= next * stride - pad 는 곧 next <= (this + pad) / stride 과 같은 의미다.
// this <= next * stride - pad + 2 * hw는 곧 next >= (this + pad - 2 * hw) / stride 과 같은 의미다.

next_rstop = this_row + padV ;
k= next_rstart = next_rstop - 2 * d_HalfWidV[ilayer+1] ;
next_rstop /= strideV ;
next_rstart /= strideV ;

if (k>= 0 && k% strideV)   // 나눗셈 결과가 정확하게 나눠떨어지지 않다면,
  ++next_rstart ;          // 반드시 이전 나머지부를 그 다음으로 이동시킨다 .

if (next_rstop >= height) // 시각 영역 안에 머무르도록 한다.
  next_rstop = height - 1 ;
if (next_rstart < 0)
  next_rstart = 0 ;

next_cstop = this_col + padH ;
k= next_cstart = next_cstop - 2 * d_HalfWidH[ilayer+1] ;
next_cstop /= strideH ;
next_cstart /= strideH ;

if (k>= 0 && k% strideH)
  ++next_cstart ;
if (next_cstop >= width)
  next_cstop = width - 1 ;
```

```
if (next_cstart < 0)
next_cstart = 0 ;
```

현재 레이어와 다음 레이어를 연결하는 가중치를 가리키는 포인터를 얻어온다. 패
딩된 가중치 벡터의 길이를 알아야한다. 합성곱 레이어는 주어진 슬라이스의 시각
영역에 존재하는 모든 뉴런들이 동일한 가중치 셋을 가지므로, 가중치는 슬라이스
를 따라서만 변화한다. 하지만 지역적으로 연결된 레이어는 모든 뉴런들마다 별개
의 가중치 셋을 갖는다. 그러므로 델타 값을 누적시킬 sum 변수를 0으로 설정한다.

```
weights = d_weights[ilayer+1] ;
if (ltype == TYPE_CONV)
  wt_cols = d_depth_cols[ilayer+1] ;
else
  wt_cols = d_nhid_cols[ilayer+1] ;

sum= 0.0 ;
```

앞서 사각 영역의 순서 정의를 뒤바꾼 덕분에, 현재 뉴런들이 연결돼있는 다음 레
이어상의 사각 영역의 정확한 경계를 알게 된다. 그러므로 합산을 이 사각 영역에
한해서 이뤄지게 제한시킬 수 있다. 필터 안의 현재 뉴런들의 위치를 계산할 수 있
으려면, 현재 레이어의 사각 영역의 시작 좌표가 필요하다. 앞서 이미 이 간단한
공식에 대해서는 여러 차례 확인했었다!

```
for (next_row=next_rstart ; next_row<=next_rstop ; next_row++) {
  for (next_col=next_cstart ; next_col<=next_cstop ; next_col++) {

    // 첫 번째 필터의 중심은 HalfWidth-Pad; 필터는 -Pad에서 시작
    rstart = strideV * next_row - padV ;
    cstart = strideH * next_col - padH ;

    // 이는 앞서, 정확한 제한 범위를 계산하지 않은 경우, 범위를 체크해보는 코드다.
    // rstop = rstart + 2 * d_HalfWidV[ilayer+1] ;
    // cstop = cstart + 2 * d_HalfWidH[ilayer+1] ;
    // if (this_row>=rstart && this_row<=rstop && this_col>=cstart &&
this_col<=cstop){

      for (next_slice=0 ; next_slice<depth ; next_slice++) {
```

마지막에 주석을 달아놓은 몇 줄의 코드 라인은 정확한 제한 경계를 구하기 위해 사각 영역의 방향을 뒤바꾸지 않았을 경우에 수행될 수 있는 내용으로 주의 깊게 살펴보길 바란다. 이는 눈에 띄게 더욱 좋은 효과를 보여줄 것이다.

어려운 연산의 마지막 부분에 해당하는 코드는 다음과 같다. 다음 레이어에 존재하는 뉴런들의 순서 위치를 3번의 중첩 루프를 거쳐서 구하여 k_next 변수에 저장한다. 이 코드는 지역적으로 연결된 레이어에 대한 시작 가중치를 확인한다. 하지만 합성곱 레이어의 경우 주어진 슬라이스 안에서 동일한 가중치 셋을 모든 뉴런들이 공유하기 때문에 이 가중치 셋은 슬라이스만으로 결정된다. 앞서 중첩 루프 안에서 반복 계산되는 걸 방지하기 위해 이러한 연산의 일부분을 루프 밖으로 이동시키면, 가독성은 조금은 떨어질지 몰라도 효율성이 약간 향상된다는 점에 주목하자.

현재 레이어의 ihid 뉴런들을 다음 레이어에 존재하는 k_next 뉴런들과 이어주는 가중치의 필터 위치로써 k를 계산한다. 이 가중치와 이 다음 레이어의 뉴런들의 델타를 곱한 것은 식 (2.19)의 합산식에 해당한다.

```
k_next = (next_row * width + next_col) * depth + next_slice ;
if (ltype == TYPE_CONV)
  wtptr = weight + next_slice ;
else
  wtptr = weight + k_next ;

  k= ((this_row - rstart) * nH + this_col - cstart) * d_depth[ilayer]
+ this_slice ;
  sum+= this_delta_ptr[k_next] * wtptr[k*wt_cols] ;
  }   // next_col 루프 종료
 } // next_row 루프 종료
}   // next_slice 루프 종료
```

이제 거의 다 끝났다. 마지막 단계는 합산한 값을 현재 뉴런의 활성화를 미분한 값과 곱함으로써 전체 식의 계산을 완료하는 것이다. 계산된 델타 값을 저장할 때, 하첨자가 threadIdx.x를 기반으로 하고 있으므로 이 저장이 잘 병합된다는 점에 주목하자.

```
if (d_layer_type[ilayer] == TYPE_FC ||
  d_layer_type[ilayer] == TYPE_LOCAL ||
  d_layer_type[ilayer] == TYPE_CONV) {
    this_act = d_act[ilayer][icase*d_nhid[ilayer]+ihid] ;
    sum*= 1.0 - this_act * this_act ; // 미분
  }
  prior_delta_ptr[ihid] = sum;
}
```

눈치가 빠른 독자들은 가중치 벡터에 대한 액세스가 매우 부적절하게 병합된다는
점을 찾아낼 수 있을 것이다. 이는 활성화를 계산할 때 완벽한 병합을 이루기 위해
지불해야 할 비용이다. 이는 큰 트레이드 오프를 수반한다. 실질적으로 모든 애플
리케이션에 있어, 활성화 계산에 소요되는 시간이 역전파 델타 값을 계산하는 데
걸리는 시간보다 훨씬 더 오래 걸리기도 한다. 그러므로 이러한 비효율적인 가중
치 데이터 액세스는 전혀 실질적인 중요성을 갖지 않는다.

풀링 레이어로부터의 역전파

풀링 레이어로부터 역전파되는 델타를 계산하는 것은 이전 절에서 다뤘던 내용
과 매우 흡사하다. 그러므로 대부분의 설명은 생략하고 몇 가지 차이점만 짚고 넘
어가겠다. 다음은 간단한 실행 코드로, 사실상 이전 절에서 다룬 실행 코드와 거의
동일하다.

```
int cuda_backprop_delta_pooled (
  int nc ,        // 배치에서의 케이스 개수
  int ilayer ,    // 현재 처리 대상인 은닉층의 인덱스
  int nhid_this   // 현재 레이어에서 은닉 뉴런들의 개수
)
{
  int warpsize, threads_per_block; dim3 block_launch ;
  cudaError_t error_id ;
  warpsize = deviceProp.warpSize ; // 워프 당 스레드 수
```

```
    threads_per_block= (nhid_this + warpsize - 1) / warpsize * warpsize
;
    if (threads_per_block> 4 * warpsize)
        threads_per_block= 4 * warpsize ;

    block_launch.x = (nhid_this + threads_per_block- 1) / threads_per_
block;
    block_launch.y = nc ;
    block_launch.z = 1 ;

    device_backprop_delta_pooled <<< block_launch , threads_per_block>>>
( ilayer ) ;
    cudaDeviceSynchronize() ;

    return 0 ;
}
```

GPU 코드 역시 처음에는 이전 절에서 다뤘던 것과 거의 동일하므로, 여기서는 추가 설명 없이 차이나는 부분만 열거할 것이다. 필요하다면 이전 절을 확인해보길 바란다.

```
__global__ void device_backprop_delta_pooled (
    int ilayer   // ilayer에서 ilayer+1로 전달되므로 ilayer+1은 POOLAVG 또는
POOLMAX임
)
{
    int k, icase, ihid, next_row, next_col, this_row, this_col, this_
slice ;
    int k_next, prod, this_cols, *poolmax_id_ptr ;
    int next_rstart, next_rstop, next_cstart, next_cstop ;
    double *this_delta_ptr, *prior_delta_ptr, sum, this_act ;

    ihid = blockIdx.x * blockDim.x + threadIdx.x ;

    if (ihid >= d_nhid[ilayer])
        return;

    prod = d_width[ilayer] * d_depth[ilayer] ; // 현재 뉴런의 3차원 좌표를 구한다.
    this_row = ihid / prod ;
```

```
   k= ihid - this_row * prod ;
   this_col = k/ d_depth[ilayer] ;
   this_slice = k% d_depth[ilayer] ;


   icase = blockIdx.y ;

   this_delta_ptr = d_this_delta + icase * d_nhid[ilayer+1] ; // 다음 레이
어에서 전달
   prior_delta_ptr = d_prior_delta + icase * d_nhid[ilayer] ; // 현재 레
이어 기준 계산
현재를 계산


   // this >= next * stride은 곧 next <= this / stride을 의미
   // this <= next * stride + pw - 1은 곧 next >= (this - pw + 1) /
stride를 의미
   // 정수 값이므로 안전하게 계산할 수 있다.

   next_rstop = this_row ;
   k= next_rstart = next_rstop - d_PoolWidV[ilayer+1] + 1 ;
   next_rstop /= d_strideV[ilayer+1] ;
   next_rstart /= d_strideV[ilayer+1] ;
   if (k>= 0 && k% d_strideV[ilayer+1])
     ++next_rstart ;

   if (next_rstop >= d_height[ilayer+1])
     next_rstop = d_height[ilayer+1] - 1 ;
   if (next_rstart < 0)
     next_rstart = 0 ;

   next_cstop = this_col ;
   k= next_cstart = next_cstop - d_PoolWidH[ilayer+1] + 1 ;
   next_cstop /= d_strideH[ilayer+1] ;
   next_cstart /= d_strideH[ilayer+1] ;

   if (k>= 0 && k% d_strideH[ilayer+1])
      ++next_cstart ;
```

```
    if (next_cstop >= d_width[ilayer+1])
      next_cstop = d_width[ilayer+1] - 1 ;
    if (next_cstart < 0)
      next_cstart = 0 ;

    sum= 0.0 ;
```

다음은 이전 루틴과는 다른 내용을 담은 부분이다. 먼저 평균 풀링 구현부터 보자. 가중치는 고정된 값으로 훈련 대상이 아니므로, 가중치를 고려할 필요는 없다. 이를 염두에 둔다면, 이 연산이 실질적으로 이전 절에서에서 본것과 동일한 원리로 동작한다는 걸 알 수 있다. 단지 기억해야 할 점은 풀링 레이어가 이전 레이어로부터 각 슬라이스별로 매핑 작업을 수행한다는 것이다.

```
if (d_layer_type[ilayer+1] == TYPE_POOLAVG) {
  for (next_row=next_rstart ; next_row<=next_rstop ; next_row++){
    for (next_col=next_cstart ; next_col<=next_cstop ; next_col++) {
      k_next = (next_row*d_width[ilayer+1] + next_col)*d_
depth[ilayer+1] + this_slice ;
      sum+= this_delta_ptr[k_next] ;
    } // next_col 루프 종료
  }   // next_row 루프 종료
  sum/= d_PoolWidH[ilayer+1] * d_PoolWidV[ilayer+1] ;
} // POOLAVG
```

또 다른 경우의 수는 최대 풀링 레이어다. 이 경우, 1.0 값을 갖는 딱 하나의 '가중치' 때문에 상황이 약간 더 복잡하다. 이 가중치는 이전 레이어 사각 영역에서의 최대 활성화에 대응한다. 다른 모든 가중치 값들은 0이다. 활성화를 계산했을 때 (142페이지), d_poolmax_id 변수에 최댓값을 갖는 이전 레이어 뉴런의 시각 영역의 위치를 저장했었다는 점을 상기하자. 이제 이렇게 하는 게 왜 좋은 방법이었는지 확인해보자.

먼저, 이렇게 저장된 정보를 가리키는 포인터를 구한다. 평균 풀링에서 했던 것처럼, 다음 레이어의 시각 영역 안에서 루프를 돈다. 있을 수 있는 연결들 상에서의 각 뉴런들마다, 현재 레이어에 속한 하나의 뉴런이 다음 레이어에 속한 뉴런의 활성화를 결정했던 경쟁 과정에서 승리자$_{winner}$였는지 확인한다.[3] 맞다면, '가중치'는 1.0이고, 아니면 0이다.

```
else if (d_layer_type[ilayer+1] == TYPE_POOLMAX) {
  poolmax_id_ptr = d_poolmax_id[ilayer+1] + icase * d_nhid[ilayer+1]
;
  this_cols = d_width[ilayer] ;

  for (next_row=next_rstart ; next_row<=next_rstop ; next_row++) {
    for (next_col=next_cstart ; next_col<=next_cstop ; next_col++){
    k_next = (next_row*d_width[ilayer+1] + next_col)*d_depth[ilayer+1]
+ this_slice ;
      // 다음 레이어 경쟁을 위해
      // 현재 레이어 뉴런이 최댓값 경쟁에서 승리했는가?
      if (this_row == poolmax_id_ptr[k_next] / this_cols &&
        this_col == poolmax_id_ptr[k_next] % this_cols)
        sum+= this_delta_ptr[k_next] ; // 가중치는 1
      } // next_col 루프 종료
    } // next_row 루프 종료
} // POOLMAX
```

마지막으로 현재 레이어의 활성화 함수의 미분 값을 곱해서 저장한다.

```
if (d_layer_type[ilayer] == TYPE_FC || d_layer_type[ilayer] == TYPE_
LOCAL ||
  d_layer_type[ilayer] == TYPE_CONV) {
    this_act = d_act[ilayer][icase*d_nhid[ilayer]+ihid] ;
    sum*= 1.0 - this_act * this_act ; // 미분
  }
  prior_delta_ptr[ihid] = sum;          // 다음 레이어에서 다시 수행하기 위해 저장
}
```

---

3 최대치를 갖는 뉴런이 살아남는다는 의미에서 승리자라고 표현했다. – 옮긴이

완전히 연결된 레이어의 그레디언트

이번 절과 다음 몇몇 절에서는 그레디언트 계산하는 방법에 대해 다룬다. 모든 종류의 레이어들을 다룰 때까지는 실행 코드를 직접 다루는 것은 잠시 미뤄두겠다. 이는 우리가 각 레이어 타입마다 올바른 GPU 코드를 선택하는 하나의 그레디언트 실행 루틴을 이용하기 때문이다.

GPU 루틴 전부 46페이지의 매우 간단한 식 (2.18)을 구현한 것이다. 이는 단지 성능 평가기준을 연결된 가중치로 편미분한 값을 구하기 위해서 뉴런의 델타 값과 이전 레이어의 뉴런의 활성화를 곱한 것이다. 먼저 가장 이해하기 쉬운, 완전히 연결된 레이어와 관련된 루틴부터 살펴보겠다.

```
__global__ void device_hidden_gradient_FC (
  int istart ,      // 현재 배치에서 첫 번째 케이스의 인덱스
  int nc ,          // 배치에서의 케이스 개수
  int ilayer        // 은닉층 현재 처리 중인
)
{
  int iin, ihid, nin, ninp1 ;
  float *gptr ;
  double input ;

  iin = blockIdx.x * blockDim.x + threadIdx.x ;

  if (ilayer == 0)
    nin = d_n_pred ;              // 현재 레이어에서 각 뉴런들에 전달되는 입력 개수
  else
    nin = d_nhid[ilayer-1] ;

  // icase = blockIdx.z ;     // 아래에서 곧바로 사용된다.

  if (iin > nin)
    return ;
  else if (iin == nin)     // 이는 바이어스 항으로, 정의에 의해 1.0이다.
    input = 1.0 ;
  else if (ilayer)         // 이전 레이어가 은닉층이므로, 이의 활성화를 구한다.
    input = d_act[ilayer-1][blockIdx.z*nin+iin] ;
```

```
  else                      // 이는 첫 번째 은닉층이므로, 입력 이미지가 입력이다.
    input = d_predictors[(istart+blockIdx.z)*nin+iin] ;
    ihid = blockIdx.y ; // 이 은닉 뉴런의 순서 번호
    ninp1 = nin + 1 ;    // 바이어스를 잊어선 안된다 (그러므로 nin+1개다)

    gptr = d_grad[ilayer] + blockIdx.z * d_n_weights ; // 케이스에 대한 은
닉층의 그레디언트
    gptr[ihid*ninp1+iin] = d_this_delta[blockIdx.z*d_
nhid[ilayer]+ihid] * input ;
}
```

다음과 같이 주목할 만한 네 가지 전역 메모리 액세스가 있다.

- 이전 레이어의 활성화 값을 입력 데이터로 받아올 때, 메모리 오프셋은 threadIdx.x에 관련돼 있으므로, 읽기 동작은 매우 잘 병합된다.

- 입력 이미지를 입력 데이터로 받아올 때, 메모리 오프셋은 threadIdx.x와 관련돼 있으므로, 읽기 동작은 매우 잘 병합된다.

- 현재 뉴런의 델타 값을 가져올 때, 메모리 주소는 스레드와는 독립적이므로, 이 단일 읽기 값은 전체 워프로 전파되며, 이는 탁월한 효율성을 갖는다.

- 계산된 값을 그레디언트 벡터에 저장할 때, 메모리 오프셋은 threadIdx.x와 관련돼 있으므로, 쓰기 동작은 매우 잘 병합된다.

지역적으로 연결된 레이어와 합성곱 레이어의 그레디언트

이 루틴은 개념적으로 이전 절에서 다뤘던 루틴과 완전히 동일한 작업을 수행한다. 하지만 한 가지 큰 차이점이 있다면, 대부분의 연결된 가중치 값들이 0이라서, 가능한 효율적으로 '활성화 * 델타' 연산을 처리시킬 수 있도록 해보자. 특히 대부분의 아키텍처 상에서 이러한 루틴이 계산 시간을 많이 잡아먹는 주요 원인이라는 점에서 더욱 필요하다. 효율성은 궁극적으로 중요한 고려사항이며, 특히 전역 메모리 읽기를 고려했을 때 더욱 그렇다.

GPU 코드의 초기 부분은 다음과 같다. 호출 파라미터는 한 가질 제외하면 모두 이름만 봐도 짐작이 갈 것이다. 이 루틴은 서브셋 안에서 현재 레이어의 슬라이스들의 처리를 허용한다. 즉, 모든 뉴런들이 한 번에 처리되어야 하는 걸 요구하지 않는다. 앞으로 때때로 연산을 하나 이상의 슬라이스를 처리하는 여러 개의 실행 단위로 나눠야 할 필요가 있음을 걸 확인하게 될 것이다. depth_offset 파라미터는 어디서부터 시작할지 알려주는 역할을 하며(0이면, 첫 번째 슬라이스를 의미), n_depths는 현재 실행 단위에서 처리해야 할 슬라이스들의 개수다.

```
__global__ void device_hidden_gradient_LOCAL_CONV (
  int local_vs_conv ,        // 지역적 혹은 합성곱 레이어인지 판별할 변수
  int nfilt ,                // 필터 크기, (2*hwV+1) * (2*hwH+1) * 입력 깊이
    // 이번엔 바이어스 항에 해당하는 +1을 포함하지 않는다.
  int istart ,               // 현재 배치 상에서 첫 번째 케이스의 인덱스
  int depth_offset,          // 이 깊이에서 레이어를 처리하기 시작한다.
  int n_depths ,             // 처리할 슬라이스들의 개수
  int ilayer                 // 현재 처리 중인 은닉층의 인덱스
)
{
  int k, iin, ifilt, ihid_offset, ihid_actual, prod ;
  int in_row, in_col, in_slice, in_rows, in_cols, in_slices ;
  int this_row, this_col, ifiltV, ifiltH ;
  float *gptr ;
  double input, delta ;

  ifilt = blockIdx.x * blockDim.x + threadIdx.x ; // <= 필터 크기
  if (ifilt > nfilt)
    return ;
```

위 코드에서 해당 이전 레이어 활성화 성분들로 점점이 찍혀 있는 구조를 상상해 보면, 가중치는 현재 뉴런의 활성화를 형성하게 되며, 스레드가 이전 레이어의 사각 영역의 가중치에 대응함을 확인할 수 있다. hwV와 hwH를 각각 필터 절반 너비라고 하면, 이전 레이어의 전체 $(2*hwV+1) * (2*hwH+1) * depth$개의 가중치와 바이어스에 해당하는 하나의 추가 가중치가 현재 레이어의 각 뉴런에 전달된다. 실행 코드 측에서는 nfilt 파라미터에 바이어스 항에 해당하는 1을 포함하지 않고서 이

러한 곱셈을 지원한다. 첫 번째로 할 일은 현재 레이어에 전달되는 이러한 데이터의 각 차원별(행, 열, 깊이) 크기를 구하는 것이다.

```
if (ilayer == 0) {
  in_rows = d_img_rows ;
  in_cols = d_img_cols ;
  in_slices = d_img_bands ;
}

else {
  in_rows = d_height[ilayer-1] ;
  in_cols = d_width[ilayer-1] ;
  in_slices = d_depth[ilayer-1] ;
}
```

다음 몇 줄의 코드 라인은 약간 이해하기가 까다롭다. 첫 번째 슬라이스를 몇 개 더 지난 슬라이스에서부터 그레디언트 연산을 시작할 수도 있다는 점을 상기하자. 이 때, 얼만큼 지날지를 말하는 오프셋 값을, 현재 처리 대상인 첫 번째 슬라이스를 기준으로, 첫 번째 뉴런에서부터 현재 처리 중인 뉴런까지의 거리인 blockIdx. y로 구한다. 나중에 실행 코드에서 보겠지만, 이 수량의 최댓값은 현재 레이어의 시각 영역 크기의 배수에 1을 뺀 값이 되도록 보장된다. 그러므로 각 런치는 항상 정확히 시각 영역안의 뉴런들의 n_depths배에 해당하는 만큼씩 처리할 것이다. 어떠한 런치도 시각 영역의 일부분만을 처리하는 일은 없을 것이다.

```
ihid_offset = blockIdx.y ;// 이 실행 셋으로의 오프셋
prod = d_width[ilayer] * d_height[ilayer] ; // 시각 영역의 크기, 슬라이스
k= ihid_offset % n_depths + depth_offset ;  // 실제 시작 슬라이스
ihid_actual = ihid_offset / n_depths * d_depth[ilayer] + k;
```

현재 레이어에 존재하는 뉴런 ihid를 두 개의 버전으로 처리할 것이기 때문에 위 코드가 필요하다. ihid_offset은 현재 런치에서 처리 중인 슬라이스들의 서브셋에 대한 오프셋을 처리하기 위한 변수이며, ihid_actual은 전체 레이어를 기준으로 봤을 때의 순서 위치를 처리하기 위한 변수다. 위 네 줄의 코드 라인은 현재 런

치에서의 깊이 방향 크기 n_depths로 오프셋 ihid_offset을 나눈 나머지 값으로 시작 슬라이스의 인덱스 k를 계산한다.

그 다음, 첫 번째 슬라이스에 이렇게 구한 오프셋 k를 더한다. 뉴런들이 가장 빠르게 변화하는 깊이에 따라 순서가 매겨진다는 점을 상기하자. 그 다음 오프셋을 전체 깊이의 크기인 n_depths로 나눠서 시각 영역의 위치를 구하고, 현재 레이어의 깊이인 d_depth[ilayer]를 곱해서 이 시각 영역 위치에서의 시작 슬라이스 인덱스를 구한 다음, 앞서 구한 실제 시작 슬라이스 인덱스인 k를 더한다.

이 내용이 이해되지 않는다면, 모든 네모 칸에 동일한 개수로 체커를 쌓아올린 체스판을 하나 떠올려보자. 그리고 한장의 종이를 이렇게 쌓아올린 스택을 따라 놓는다고 하자. 체스판은 시각 영역이며, 체커 스택은 곧 슬라이스다. 그리고 종이는 현재 처리 중인 슬라이스들의 시작점이다. 상단 좌측 모서리에 있는 하단 레이어에서부터 개수를 카운팅한다. 첫 번째 스택을 따라 올라가다가, 다음 스택의 하단에서부터 오른쪽으로 이동하고, 계속 이런 식으로 진행해 나간다. 이제 이와 같은 상상을 하면서 코드를 이해해보자.

계속 진행하기에 앞서, 잠시 쉬어가면서 합성곱 레이어와 지역적으로 연결된 레이어의 그레디언트 연산 사이의 차이에 대해 논의해보자. 전자의 경우, 주어진 슬라이스의 시각 영역에 존재하는 모든 뉴런들이 동일한 필터 가중치 셋을 이용하는 반면,후자는 모든 뉴런들이 서로 다른 가중치를 사용한다. 후자의 경우는 단지 연결된 대부분의 가중치가 0인 완전히 연결된 레이어의 특수한 버전에 불과하며, 그러므로 연산 과정은 앞서 살펴본 내용과 유사하다. 하지만 전자의 경우는 하나의 가중치가 만드는 변화perturbation가 시각 영역 전체에 걸쳐서 활성화에 영향을 미치는 경우가 드물다.

한 가지 좋은 소식은 극소의 변화minuscule perturbation가 미치는 영향은 선형적이므로, 주어진 가중치로 편미분한 값을 계산하기 위해, 지역적으로 연결된 레이어와 마찬가지로 간단히 시각 영역에 존재하는 모든 개개의 뉴런들에 대한 가중치의 편미분을 계산해서, 이들을 더한다.

안 좋은 소식은 그레디언트를 저장하기 위해 사용하는 벡터가 공용 가중치 셋만을 위한 슬롯을 갖는다는 점이다. 두 종류의 레이어에 대해서 같은 연산을 사용할 것 (가장 효과적인 처리 방법이다)이었다면, 시각 영역에 걸쳐서 개개의 그레디언트를 임시적으로 저장해둘 작업 영역을 만들어둘 필요가 있다. 이 값들을 계산하고 나면, 이 작업 영역에 저장할 것이다. 그러면 별도의 커널을 호출해서 이 값들을 합산할 것이다. 별도의 작업 영역 할당에 대해서는 나중에 논의하겠다. 지금은, 간단하게 작업 영역이 그냥 할당돼 있다고 가정한다. 이 영역을 d_convgrad_work 변수로 가리키고 있으며, 그 길이는 각 케이스별로 d_max_convgrad_each이다.

좋다. 이제 계속해서 이 GPU 루틴에 대해 알아보자. 이 스레드가 바이어스 항을 처리하는 경우는 처리하기 쉽다. blockIdx.z가 현재 배치 상에서의 케이스이고, d_n_prior_weights[ilayer]는 가중치 개수며, 바이어스 항은 가중치 벡터 상에서 마지막에 위치한 항이라는 점을 상기하자. 지역적으로 연결된 레이어의 경우, 도함수를 (바이어스 항의 활성화 값이 1이기 때문에 델타와 같음) 그레디언트 벡터에 곧바로 저장한다. 하지만 합성곱 레이어인 경우, 방금 논의했던 델타 값을 작업 영역 안에 저장한다. 완벽한 병합을 위해, 이 작업 영역은 128바이트의 배수로 패딩되고, 패딩된 길이는 d_convgrad_cols[ilayer]가 된다.

```
if (ifilt == nfilt) { // 바이어스 항
  delta = d_this_delta[blockIdx.z*d_nhid[ilayer]+ihid_actual] ;
  if (local_vs_conv) {
    gptr = d_grad[ilayer] + blockIdx.z * d_n_weights ;
    gptr[ihid_actual*d_n_prior_weights[ilayer]+d_n_prior_
weights[ilayer]-1] = delta ;
  }

  else {
    gptr = d_convgrad_work+ blockIdx.z * d_max_convgrad_each ;
    gptr[ihid_offset*d_convgrad_cols[ilayer]+d_n_prior_
weights[ilayer]-1] = delta ;
  }
  return ;
}
```

여기서 처리된 값을 얻어오면, 이는 바이어스 항이 아니다. 필터 안에서의 이 커널이 위치한 인덱스를 구해야 한다. 스레드는 필터 가중치의 순서 인덱스인 `ifil`을 정의한다. 필터 가중치의 저장 순서가 (height, width, slice)임을 상기하자.

```
prod = (2 * d_HalfWidH[ilayer] + 1) * in_slices ; // 각 행에 저장되는 요소의 개수
ifiltV = ifilt / prod ;         // 필터 안에서의 수직 위치
k= ifilt - ifiltV * prod ;
ifiltH = k/ in_slices ;         // 필터 안에서의 수평 위치
in_slice = k% in_slices ; // 이 필터 가중치가 적용되는 입력 슬라이스
```

현재 레이어의 체적(volume) 상에서의 이 뉴런들의 위치를 구한다.

```
prod = d_width[ilayer] * d_depth[ilayer] ; // 현재 레이어의 시각 영역 크기
this_row = ihid_actual / prod ;         // 현재 뉴런의 행
k= ihid_actual - this_row * prod ;
this_col = k/ d_depth[ilayer] ;         // 현재 뉴런의 열
//  this_slice = k% d_depth[ilayer] ; // 불필요하나 명확한 이해를 위함
```

이제 현재 레이어에 존재하는 뉴런들을 알게 됐으므로, 대응되는 이전 (input) 레이어 안의 사각 영역도, 입력 체적 안에서 이 필터 요소의 위치를 구할 수 있다. 패딩 때문에 이는 아마도 외곽 밖으로 벗어나 있을 것이다. 그런 경우, 아무것도 할 일은 없다.

앞서 여러 차례에 걸쳐서 이전 레이어를 찾기 위한 기본적인 수학적 연산에 대해 살펴봤었지만, 이번에도 이를 잊어버렸을 수도 있는 독자들을 위해 다시 한 번 소개한다.

- 필터 중앙 위치는 Stride * CurrentPos + HalfWidth - Pad

- 상단 좌측 모서리 위치는 Stride * CurrentPos - Pad

```
in_row = d_strideV[ilayer] * this_row - d_padV[ilayer] + ifiltV ;
if (in_row < 0 || in_row >= in_rows) // 상단 또는 하단 외곽 밖임
  return;

in_col = d_strideH[ilayer] * this_col - d_padH[ilayer] + ifiltH ;
```

```
if (in_col < 0 || in_col >= in_cols) // 좌측 또는 우측 외곽 밖임
  return;
```

앞서 바이어스 항에 대해서 했던 것과 동일한 방식으로, 계산된 미분 값을 저장할
장소를 가리키는 포인터를 구한다. 또한, 전역 메모리로부터 델타 값을 읽어온다.
델타의 메모리 주소가 스레드와는 독립적이라서, 이 단일 값이 효율적으로 단 한
번만 로드되면 전체 워프에 전파된다는 점에 주목하자.

```
if (local_vs_conv)
  gptr = d_grad[ilayer] + blockIdx.z * d_n_weights ;
else
  gptr = d_convgrad_work+ blockIdx.z * d_max_convgrad_each ;

delta = d_this_delta[blockIdx.z*d_nhid[ilayer]+ihid_actual] ;
```

델타 값은 구했고, 어디에 미분 값을 저장했는지도 알고 있다. 이제 이 필터 가중
치에 대응하는 입력 값을 가져온다. 0을 패딩시켜서 정렬을 맞추지 않더라도, 근
접한 스레드는 곧 근접한 메모리에 액세스한다. 하지만 대부분의 일반적인 경우,
워프가 그저 우연하게 적절히 정렬되기 시작할 것이므로, 여기서는 0 패딩이 좋다
고 하기 힘들다. 그러므로 최악의 경우라도, 우수한 수준의 병합 액세스가 이뤄진
다. 그리고 in_slices와 이전 레이어의 크기가 모두 16의 배수가 되면(활성화 변수
는 float이 아닌 double 타입이다), 완벽한 병합이 이뤄질 것이다.

```
iin = (in_row * in_cols + in_col) * in_slices + in_slice ;
if (ilayer)
  input = d_act[ilayer-1][blockIdx.z*d_nhid[ilayer-1]+iin] ;
else
  input = d_predictors[(istart+blockIdx.z)*d_n_pred+iin] ;
```

마지막 단계는 계산된 그레디언트 값을 저장하는 것이다. 근접한 스레드는 근접한
메모리에 액세스하므로, 아무리 좋지 않아도, 매우 좋은 수준의 병합이 가능하다.
0 패딩으로 그레디언트 벡터를 정렬하지 않는다. 지역적으로 연결된 레이어의 경
우 ifilt이 0에서 시작하기 때문에 0 패딩은 도움이 될 것이다. 하지만 이는 코드
를 매우 복잡하게 만들 것이며, 이 부분은 그저 일부에 지나지 않는 명령에 불과하

다. 또한, 커널은 일반적으로 수학 연산 파이프라인에 의해 제한을 받는다. 물론 n_prior_weights가 32의 배수면, 모든 문제가 해결된다! 마지막으로 d_convgrad_work를 적절히 패딩되어, 합성곱 레이어의 경우(대개의 경우 합성곱 레이어를 사용한다!) 완벽한 병합 액세스가 이뤄진다.

```
if (local_vs_conv)
  gptr[ihid_actual*d_n_prior_weights[ilayer]+ifilt] = input * delta ;
else
  gptr[ihid_offset*d_convgrad_cols[ilayer]+ifilt] = input * delta ;

}
```

합성곱 그레디언트 평편화

합성곱 레이어의 경우, 슬라이스 상의 시각 영역의 개개의 뉴런들마다 그레디언트 항을 작업 영역 안에 저장한다는 걸 확인했었다. 그러므로 반드시 이 항들을 합산해서 공통 필터 가중치 셋에 대한 그레디언트를 구해야 한다. 각 슬라이스별로 저마다의 필터 가중치셋을 가지므로, 이 합산 과정은 현재 레이어의 각 슬라이스마다 별도로 진행된다. 이를 수행하는 루틴의 초기 부분은 다음과 같다. 그레디언트를 계산했던 경우처럼, 현재 레이어상의 모든 슬라이스들의 서브셋만 처리하도록 한다. 그러므로 islice_start는 처리할 첫 번째 슬라이스의 인덱스가 되며 max_depth는 현재 런치에서 처리할 슬라이스들의 개수가 된다.

```
__global__ void device_flatten_gradient (
  int islice_start , // 현재 배치 상에서 첫 번째 슬라이스의 인덱스
  int max_depth ,     // 런치에서 처리할 최대 슬라이스 개수 <= 슬라이스들은 convgrad_
work에 저장됨
  int ilayer          // 현재 처리 대상 은닉층의 인덱스
)
{
  int k, islice, icase, iprior, irow, icol ;
  double sum;
  float *workptr, *gradptr ;
```

```
iprior = blockIdx.x * blockDim.x + threadIdx.x ;
if (iprior >= d_n_prior_weights[ilayer])
    return ;

islice = blockIdx.y ;
icase = blockIdx.z ;
```

위 코드에서 스레드가 처리할 필터 사각 영역의 위치를 결정하는 걸 확인할 수 있다. 현재 레이어 슬라이스와 케이스는 이 블록으로부터 구해진다. 계산될 그레디언트 벡터를 가리키는 포인터와 합산에 의해 평편화될 작업 영역을 가리키는 포인터를 구한다. 이 스레드가 계산할 합산 변수를 0으로 초기화한다.

```
gradptr = d_grad[ilayer] + icase * d_n_weights ;
workptr = d_convgrad_work+ icase * d_max_convgrad_each ;

sum= 0.0 ;
```

마지막 코드 라인은 현재 레이어에서 처리 대상 슬라이스 상의 시각 영역에 존재하는 모든 뉴런들을 거치면서, 합산 및 그레디언트 계산 및 저장을 수행한다. 각 뉴런마다, 현재 뉴런의 전체 셋에서의 순서 인덱스인 k를 계산한다. 작업 영역에서 앞서 계산된 그레디언트 값을 k로 구할 수 있다. d_convgrad_cols가 현재 작업 영역의 0 패딩된 행이라는 점을 상기하자. 이로 인해 이러한 읽어오기가 완벽하게 병합된다. 한 루프 혹은 두 루프 밖에서 초기 연산 과정을 수행하도록 하여, 약간 더 효율성을 높여서 k값을 계산할 수도 있다는 점에 주목하자. 하지만 이 루틴은 전체 실행 시간에서 그닥 많은 비중을 차지하진 않으며, 그러므로 명확한 코드를 작성하는 게 더 중요하다. 또한 그레디언트를 저장하는 것도 아무리 좋지 않아도, 매우 좋은 수준의 병항이 이뤄진다는 점에 주목하자.

```
for (irow=0 ; irow<d_height[ilayer] ; irow++) {
  for (icol=0 ; icol<d_width[ilayer] ; icol++) {
    k= (irow * d_width[ilayer] + icol) * max_depth + islice ; // irow,
icol, islice 위치의 뉴런들
    sum+= workptr[k*d_convgrad_cols[ilayer]+iprior] ;
  }
```

```
    }
  gradptr[(islice+islice_start)*d_n_prior_weights[ilayer]+iprior] = sum;
  }
```

그레디언트 실행 코드

이번 절은 그레디언트 연산과 관련된 모든 실행 혹은 런치들을 처리하는 코드를
제시한다. 이 코드에는 두 가지 복잡한 부분이 존재한다. 첫 번째로, 합성곱 레이
어의 경우, 반드시 작업 영역을 처리해주는 코드가 있어야 한다. 이 작업 영역은
초기화 과정에서 할당되며, 여기서 이 부분은 다루지 않을 것이다. 전체 코드는
MOD_CUDA.cu 파일에서 확인할 수 있다. 하지만 여기서는 할당이 어떻게 이뤄
지는 지 명확하게 이해될 수 있도록 코드를 수록했다.

두 번째로, 아키텍처가 어느 정도 규모를 갖는 경우, 태스크를 여러 개의 런치들로
분할할 것이라는 점이다. 이렇게 분할하는 이유는 크게 두 가지다. 첫 번째로, 합
성곱의 작업 영역을 할당할 때, 큰 메모리를 요구할 수도 있으며, 이 크기는 깊이
의 서브셋을 처리함으로써 제한될 수 있다. 두 번째로, 대부분의 애플리케이션에
서 그러하듯이, 그레디언트 연산은 가장 시간을 많이 잡아먹는 부분에 속한다. 이
태스크를 여러 개의 런치로 분할함으로써, 악명 높은 Windows WDDM 타임아웃
을 회피할 수 있다.

이 루틴의 초기 도입부는 다음과 같다.

```
int cuda_hidden_gradient (
  int max_hid_grad ,     // CONV hid grad 런치에서의 최대 hid
  int max_mem_grad ,     // CUDA 런치당 최대 CONV 작업 메모리(MB)
  int istart ,           // 현재 배치 상에서 첫 번째 케이스의 인덱스
  int nc ,               // 배치에서의 케이스 개수
  int ilayer ,           // 현재 처리 중인 은닉층
  int type ,             // 현재 레이어의 타입
  int nhid_this ,        // 현재 레이어에서 은닉 뉴런들의 개수
  int nhid_prior ,       // 이전 레이어에서 은닉 뉴런들의 개수
  int depth ,            // 현재 레이어 깊이
  int n_prior_weights    // 뉴런 당 이전 레이어로의 입력 개수(바이어스 포함)
```

```
)
{
  int i, nhid_launch, ihid_start, warpsize, threads_per_block, field,
divisor ;
  dim3 block_launch ;

  cudaError_t error_id ;
  field = nhid_this / depth ;        // 시각 영역 크기 = 높이 * 너비
  warpsize = deviceProp.warpSize ; // 워프 당 스레드 수
```

위 호출 파라미터들 중 혼란을 일으킬 만한 부분은 처음 두 개의 변수인 max_hid_ grad와 max_mem_grad이다. 두 변수는 사용가가 설정할 수 있다. 첫 번째 변수 는 런치 안에서 처리될 수 있는 은닉 뉴런의 최대 개수다. 이 변수가 가질 수 있 는 최댓값은 65535로, GPU 하드웨어 제약에 의존한다. 전형적으로, 사용자는 Windows WDDM 타임아웃에 걸리지 않도록 실행 시간을 감소시킬 것이다. 두 번째 변수는 GPU 메모리에 합성곱 그레디언트를 계산하기 위한 작업 영역으로 할당할 최대 GPU 메모리(MB)이다.

완전히 연결된 레이어의 경우, 단지 166페이지의 루틴을 실행한다. +1은 그레디 언트 연산 안에 바이어스 항을 포함시킨다는 의미를 갖는다.

```
if (type == TYPE_FC) {
  threads_per_block= (nhid_prior + 1 + warpsize - 1) / warpsize *
warpsize ;
  if (threads_per_block> 4 * warpsize)
    threads_per_block= 4 * warpsize ;

  block_launch.x = (nhid_prior + 1 + threads_per_block- 1) / threads_
per_block;
  block_launch.y = nhid_this ;
  block_launch.z = nc ;
  device_hidden_gradient_FC <<< block_launch , threads_per_block>>>
    ( istart , nc , ilayer ) ;

  cudaDeviceSynchronize() ;
}
```

다음 코드는 여러 개의 각 런치마다 얼마나 많은 은닉 뉴런들이 처리될지 결정한다.

```
else if (type == TYPE_LOCAL || type == TYPE_CONV) {
  divisor = 1 ; // 제약을 충족시키기 위해 깊이를 얼마나 나눠야 하는지 도출한다.

  if (type == TYPE_CONV) { // 사용자의 초기 메모리 제약
    conv_cols = (n_prior_weights + 31) / 32 * 32 ; // 초기CONV는 0으로 패딩됨
    n_max = 1024 * 1024 * max_mem_grad / (max_batch * conv_cols *
sizeof(float)) ;
  }
  else // 지역적 레이어는 초기 메모리를 사용하지 않는다.
    n_max = MAXPOSNUM; // 최대 개수(양수) = 2147483647

  for ( ;; ) {
    nhid_launch = depth / divisor * field ; // 한 번에 nhid_launch 개의 은닉
뉴런을 실행한다.
    if (nhid_launch <= max_hid_grad && nhid_launch <= n_max)
      break;
    ++divisor ;
  }

  if (nhid_launch < field) // 부주의한 사용자는 아마도 이 값을 너무 작게 설정할 수도 있다.
    nhid_launch = field ;  // 그런 경우엔 무시해버린다.
```

위 코드에서 사용자에 의한 두 가지 제약 조건들을 모두 충족시키기 위해서 대략적으로 동일한 크기의 런치가 얼마나 많이(분모) 필요한지 결정한다. 사용자는 합성곱 레이어의 그레디언트 작업 영역에 할당할 최대 MB 크기를 지정한다(최대 크기는 2047MB). 이 값에 MB 크기를 곱한다. 하나의 은닉 뉴런이 max_batch*conv_cols개의 float 크기를 요구하므로, 처리될 수 있는 은닉 뉴런들의 개수에 대한 제한 값을 구하기 위해 나눈다.

이번 그레디언트 루틴은 완전한 시각 영역을 처리하도록 요구하므로, 항상 영역 크기의 배수를 nhid_launch에 적용해본다. 두 사용자의 제약들이 모두 충족될 때까지 값을 나누는 분모를 증가시킨다.

178

부주의한 사용자는 너무 작게 제약을 줄 수도 있으며, 이 경우 시각 영역이 하나도 처리되지 못할 수 있으므로, 이런 상황을 방지하도록 수정했다.

초기화 코드는 어떤 종류의 레이어든 가장 큰 메모리를 요구하는 경우에 따라 초기 메모리를 할당하고 위와 정확히 동일한 동작을 수행했다.

다음 페이지에서는 런치 루프의 첫 절반에 해당하는 코드를 보여준다. 이 루프는 여러 개로 분할된 런치를 수행하며, 매번 여러 개의 시각 영역들을 처리한다. 동일한 크기로 나누는 게 불가능할 경우(대부분 그러하듯이), 마지막 런치는 다른 런치보다 작을 수 있다.

런치 루프를 수행하기 전에, 합성곱의 작업 영역을 0으로 설정한다. 이는 외곽선 패딩 때문에 그레디언트 루틴이 '비정의된' 엔트리를 계산하기 때문이지만, 평편화 루틴은 모든 것을 합산할 것이다. 쓰레기가 난파선을 구조할 것이다. 마지막 순환을 돌 때는 서로 다른 크기가 된 상태로, 반드시 0으로 설정하는 과정을 반복해야 한다.

```
if (type == TYPE_CONV) {
  // 몇몇 엔트리는 정의되지 않을 수 있기 때문에 CONV 작업 영역을 반드시 0으로 설정한다.
  // 마지막 런치가 부분적이기 때문에 반드시 마지막 순환에는 0 설정을 한 번 더 반복해야 한다.
  // '정의되지 않은' 위치에서, 이전 실행 결과 쓰레기가 쌓여 있을 수 있다.

  for (i=0 ; i<max_convgrad_work; i++)
    fdata[i] = 0.0 ; // 그레디언트 루틴은 이러한 0 설정을 내버려 둘 수도 있다.
  error_id = cudaMemcpy ( h_convgrad_work, fdata ,
    max_convgrad_work* sizeof(float) , cudaMemcpyHostToDevice ) ;
  }

  for (ihid_start=0 ; ihid_start < depth*field ; ihid_start+=nhid_
launch) { // 런치 루프
    threads_per_block= (n_prior_weights + warpsize - 1) / warpsize *
warpsize ;
    if (threads_per_block> 4 * warpsize)
      threads_per_block= 4 * warpsize ;
    block_launch.x = (n_prior_weights + threads_per_block- 1) /
threads_per_block;
```

```
    block_launch.y = nhid_launch ;
    if (depth*field - ihid_start < nhid_launch) { // 마지막 런치는 부분적인 크
기를 가질 수 있다.
        block_launch.y = depth*field - ihid_start ; // 부분 런치의 크기
        if (type == TYPE_CONV) {  // 반드시 작업 영역을 0으로 설정으로
            for (i=0 ; i<max_convgrad_work; i++)   // 레이아웃이 변했기 때문
                fdata[i] = 0.0 ;
            error_id = cudaMemcpy ( h_convgrad_work, fdata ,
                max_convgrad_work* sizeof(float) , cudaMemcpyHostToDevice )
;
        }
    } // 마지막 런치가 부분적일 경우

block_launch.z = nc ; // 케이스 개수

device_hidden_gradient_LOCAL_CONV
    <<< block_launch , threads_per_block>>>
    ( type==TYPE_LOCAL ? 1 : 0 , n_prior_weights-1 , istart , ihid_
start/field , block_launch.y/field , ilayer ) ;

cudaDeviceSynchronize() ;
```

위 런치는 현재 슬라이스 셋에 대한 그레디언트를 계산했으며, 일반적으로 현재 레이어의 전체 깊이의 그저 일부에 해당한다. 합성곱 레이어의 경우, 각 뉴런의 그레디언트 항들은 작업 영역 안에 존재한다. 이제는 전체 시각 영역에 걸쳐서 각 레이어별로 따로 합산을 수행해서 이 행렬을 평편화할 필요가 있다.

```
if (type == TYPE_CONV) { // 그레디언트도 반드시 평편화해야 하는가?
    threads_per_block= (n_prior_weights + warpsize - 1) / warpsize *
warpsize ;
    if (threads_per_block> 4 * warpsize)   // 증가시키는 것이 현명할 것이다
        threads_per_block= 4 * warpsize ;     // 근래 GPU에 적용되는 제약

    block_launch.x = (n_prior_weights + threads_per_block- 1) / threads_
per_block;
    block_launch.y /= field ; // 런치 안의 슬라이스 개수
    block_launch.z = nc ; // 케이스 개수

    device_flatten_gradient <<< block_launch , threads_per_block>>>
```

```
    ( ihid_start / field , block_launch.y , ilayer ) ;
  cudaDeviceSynchronize() ;
  }    // CONV이므로 그레디언트 행렬을 평편화한다
 }    // 런치 루프
}    // 지역적 레이어 또는 CONV 레이어
return 0 ;
}
```

그레디언트 값 가져오기

마지막으로 중요한 CUDA 코드는 그레디언트 값을 GPU에서 호스트로 복사하는 루틴이다. 이 루틴은 두 가지 단계로 동작한다. 첫 번째로, 작고 간단한 커널이 실행되어서 개개의 케이스 그레디언트들을 현재 처리 중인 배치에 대한 단일 그레디언트로 합친다. 그러면 터무니없이 복잡한 루틴이 이러한 값들을 호스트 메모리 상의 하나의 배열 안에 합산하게 된다. 왜 터무니없이 복잡한가? GPU 그레디언트에서, 가중치의 순서가 GPU 상에서의 가중치 순서도 아니고, 호스트 상에서의 순서도 아니기 때문이다!(하! 독자도 그레디언트 루틴에서 이를 모르고 넘어가지 않았는가?) GPU 그레디언트에서 입력 뉴런들은 가장 빠르게 변화하며, (row, column, slice)로 순서가 매겨진다. 현재 뉴런들 또한 (row, column, slice)로 순서가 매겨진다. 이는 모두 메모리 병합 액세스에 관한 것이다. 대부분의 효율적인 CUDA 프로그래밍이 이렇다. 그렇지 않은가?

하지만 먼저 사소해 보이는 수준의 케이스 그레디언트들의 현재 배치를 합산하는 GPU 루틴부터 시작해보자. 각 스레드마다 하나의 단일 가중치 값을 처리한다. 이 루틴이 소비하는 계산 시간이 그다지 크지 않기 때문에 연산 절감 기법과 같은 정밀한 합산 알고리즘을 이용할 이유가 전혀 없다.

```
__global__ void device_fetch_gradient (
  int nc // 배치에서의 케이스 개수
)
{
  int index, icase ;
```

```
  float *gptr ;
  double sum;

  index = blockIdx.x * blockDim.x + threadIdx.x ;

  if (index >= d_n_weights)
    return ;

  sum= 0.0 ;
  gptr = d_grad[0] + index ; // 완전한 그레디언트가 [0]위치에서 시작한다.
  for (icase=0 ; icase<nc ; icase++)   // 현재 배치 상에서, 모든 케이스들을 대상
으로
    sum+= gptr[icase*d_n_weights] ;
  *gptr = sum;
}
```

다음은 호스트에서 호출하는 루틴이다. 이 루틴이 배치를 처리하기 때문에 배치 그레디언트의 합계를 hostgrad에 누적해나간다. 이 호출 파라미터들은 이름만 봐도 의미를 파악할 수 있을 것이다.

```
int cuda_fetch_gradient (
  int nc ,              // 배치에서의 케이스 개수
  int n_weights ,       // 가중치 개수
  double **hostgrad ,   // 그레디언트 합계 출력
  int n_classes ,       // 출력 개수
  int n_layers ,        // 은닉층; 출력을 포함하지 않는다.
  int *layer_type ,     // 각 레이어의 타입
  int img_rows ,        // 입력 이미지의 크기
  int img_cols ,
  int img_bands ,
  int *height ,         // 각 레이어의 시각 영역 높이
  int *width ,          // 시각 영역 너비
  int *depth ,          // 각 레이어 슬라이스 개수
  int *nhid ,           // 각 레이어 은닉 뉴런 개수
  int *hwH ,            // 필터의 절반 너비
  int *hwV
)
{
  int warpsize, blocks_per_grid, threads_per_block;
```

```
   int n, n_prior, ilayer, isub, idepth, iheight, iwidth, ndepth,
nheight, nwidth ;
   int in_row, in_col, in_slice, in_n_height, in_n_width, in_n_depth ;
   double *gptr ;
   float *fptr ;
   cudaError_t error_id ;

   warpsize = deviceProp.warpSize ; // 워프 당 스레드 수

   threads_per_block= (n_weights + warpsize - 1) / warpsize * warpsize
;
   if (threads_per_block> 4 * warpsize)
     threads_per_block= 4 * warpsize ;
   blocks_per_grid = (n_weights + threads_per_block- 1) / threads_per_
block;

   device_fetch_gradient <<< blocks_per_grid , threads_per_block>>> (
nc ) ;
   cudaDeviceSynchronize() ;

   error_id = cudaMemcpy ( fdata , grad , n_weights * sizeof(float) ,
cudaMemcpyDeviceToHost ) ;
```

여기까진 이해할만 했을 것이다. 이제는 `fdata` 변수에 현재 배치에 대한 개개의
케이스 그레디언트들을 합산한다. 이 값들을 호스트의 그레디언트 벡터에 합산하
여 저장하겠지만, 이 때 반드시 재정렬되어야 한다.

```
fptr = fdata ;

for (ilayer=0 ; ilayer<=n_layers ; ilayer++) {
  gptr = hostgrad[ilayer] ;

/*
완전히 연결된 레이어에서
*/

  if (ilayer == n_layers || layer_type[ilayer] == TYPE_FC) {
  if (ilayer == 0) {
    in_n_height = img_rows ;
```

```
    in_n_width = img_cols ;
    in_n_depth = img_bands ;
  }

  else {
    in_n_height = height[ilayer-1] ;
    in_n_width = width[ilayer-1] ;
    in_n_depth = depth[ilayer-1] ;
  }

  n_prior = in_n_height * in_n_width * in_n_depth + 1 ;
  if (ilayer == n_layers)
    n = n_classes ;      // 완전히 연결된 레이어의 깊이와 동일
  else
    n = nhid[ilayer] ;  // 완전히 연결된 레이어의 깊이와 동일

  for (idepth=0 ; idepth<n ; idepth++) {
    for (in_row=0 ; in_row<in_n_height ; in_row++) {
      for (in_col=0 ; in_col<in_n_width ; in_col++) {
        for (in_slice=0 ; in_slice<in_n_depth ; in_slice++) {
          // 호스트 상 존재하는 현재 뉴런의 가중치 위치를 계산
          isub = idepth*n_prior + (in_slice*in_n_height + in_row)*in_
n_width + in_col;
          gptr[isub] += *fptr++ ;
        } // in_slice 루프 종료
      } // in_col 루프 종료
    } // in_row 루프 종료


    // 바이어스
    isub = idepth * n_prior + n_prior - 1 ;
    gptr[isub] += *fptr++ ;
  } // idepth 루프 종료
}

/*
지역적
*/

  else if (layer_type[ilayer] == TYPE_LOCAL) {
```

```
// 지역적 레이어에 대해, 현재 레이어에서 뉴런들의 레이아웃은 (height, width, depth).
n = nhid[ilayer] ;
ndepth = depth[ilayer] ;
nheight = height[ilayer] ;
nwidth = width[ilayer] ;
in_n_height = 2 * hwV[ilayer] + 1 ;
in_n_width = 2 * hwH[ilayer] + 1 ;

if (ilayer == 0)
  in_n_depth = img_bands ;
else
  in_n_depth = depth[ilayer-1] ;


n_prior = in_n_height * in_n_width * in_n_depth + 1 ;

for (iheight=0 ; iheight<nheight ; iheight++) { // nhid = ndepth
* nheight * nwidth
    for (iwidth=0 ; iwidth<nwidth ; iwidth++) {
      for (idepth=0 ; idepth<ndepth ; idepth++) { // GPU상 순서에 주목
        for (in_row=0 ; in_row<in_n_height ; in_row++) {
          for (in_col=0 ; in_col<in_n_width ; in_col++) {
            for (in_slice=0 ; in_slice<in_n_depth ; in_slice++) {
              // 호스트 상 현재 뉴런의 가중치를 계산
              // 먼저 현재 레이어에 존재하는 뉴런들을 찾고, 입력마다 갱신한다.
              isub = (idepth * nheight + iheight) * nwidth + iwidth;
              isub=isub*n_prior+(in_slice*in_n_height + in_row)*in_
n_width+in_col;
                gptr[isub] += *fptr++ ;
              } // in_slice 루프 종료
            } // in_col 루프 종료
          } // in_row 루프 종료

          // 바이어스
          isub = (idepth * nheight + iheight) * nwidth + iwidth; // 현
재 레이어에서의 뉴런들
          isub = isub * n_prior + n_prior - 1 ;
          gptr[isub] += *fptr++ ;
        } // idepth 루프 종료
      } // iwidth 루프 종료
    } // iheight 루프 종료
```

```
    }

/*
CONV
*/

  else if (layer_type[ilayer] == TYPE_CONV) {
    nheight = height[ilayer] ;
    nwidth = width[ilayer] ;
    ndepth = depth[ilayer] ;
    in_n_height = 2 * hwV[ilayer] + 1 ;
    in_n_width = 2 * hwH[ilayer] + 1 ;
    if (ilayer == 0)
      in_n_depth = img_bands ;
    else
      in_n_depth = depth[ilayer-1] ;
    n_prior = in_n_height * in_n_width * in_n_depth + 1 ;

    for (idepth=0 ; idepth<ndepth ; idepth++) { // 단지 깊이; 슬라이스 뉴런들
      for (in_row=0 ; in_row<in_n_height ; in_row++) {
        for (in_col=0 ; in_col<in_n_width ; in_col++) {
          for (in_slice=0 ; in_slice<in_n_depth ; in_slice++) {
            // 호스트 상 존재하는 현재 뉴런의 가중치 위치를 계산
            isub = idepth*n_prior + (in_slice*in_n_height + in_
row)*in_n_width + in_col;
            gptr[isub] += *fptr++ ;
          } // in_slice 루프 종료
        } // in_col 루프 종료
      } // in_row 루프 종료
    // 바이어스
    isub = idepth * n_prior + n_prior - 1 ;
    gptr[isub] += *fptr++ ;
    } // idepth 루프 종료
  }
  } // ilayer 루프 종료 return 0 ;
}
```

모든 과정의 통합

대부분의 그레디언트 연산을 이루는 개별 컴포넌트들은 살펴봤다. 지금까지 살펴 봤던 루틴들을 호출하는 최종 호스트 루틴을 살펴봄으로써 이 CUDA 장을 마무리 하겠다. 초기 시작은 다음과 같다. 이 루틴의 호출자는 jstart와 jstop 변수로 훈 련 셋 안에서 처리할 케이스들의 범위를 지정할 수 있다. 이는 고수준의 훈련/테스 팅 알고리즘을 활용한다. 호출자는 또한 이 루틴이 성능 평가기준과 더불어 그레 디언트를 계산할지 여부를 지정한다.

```
double model::model_cuda ( int find_grad , int jstart , int jstop )
{
  int i, nc, ilayer, ret_val, ibatch, n_in_batch, n_subsets, max_
batch, istart, istop ;
  int n_done, n_launches, n_prior, ineuron, ivar ;
  double ll, *wptr, *gptr, wt, wpen ;

  nc = jstop - jstart ; // 처리할 훈련 케이스들의 개수
```

우리가 계산하는 그레디언트에 대해 메모리를 할당하기 때, 정수 오버플로우를 방 지하기 위해서, 충분히 작은 개개의 서브셋들을 구하기 위해 필요한 최소 개수(n_ subsets)를 계산한다. 여기서, max_batch는 배치의 최대 크기(하나의 배치 상의 케이 스들이 차지하는 크기)다. CUDA 초기화 루틴은 max_batch * n_all_weights float 크기의 메모리를 할당한다. 실행 단위는 하나의 단일 케이스가 되므로, 개개의 케 이스마다의 요구되는 그레디언트 크기를 계산할 것이다. 모델 멤버 변수인 n_ all_weights가 모델 전체의 가중치 개수고, MAXPOSNUM은 이 변수가 가질 수 있는 최댓값(양수)이라는 점을 상기하자. 양의 정수unsigned integer 타입을 이용하면 좀 더 멋지게 수학 연산을 수행할 수 있지만, 하지만 이는 까다로우면서 오류를 발생시 킬 소지가 있다. 게다가, 이 제약은 그리 자주 문제가 되지 않으므로 아무튼 간에 더 작은 배치가 좋다.

```
max_batch = MAXPOSNUM/ (n_all_weights * sizeof(float)) ; // 메모리 할당 크기
if (max_batch > 65535) // 그리드 크기의 하드웨어적 제약
  max_batch = 65535 ;

// 아마도 CUDA 타임아웃을 막기 위해 좀 더 많은 서브셋으로 나누길 원할 것이다.
if (max_batch > TrainParams.max_batch)
  max_batch = TrainParams.max_batch ;

n_subsets = (nc + max_batch - 1) / max_batch ;
```

CUDA 디바이스는 반드시 한 번은 초기화돼야 한다. 특수한 상황에서는, 실제 최대 일괄 크기가 위에서 계산된 것과 약간 다를 수도 있으므로(그래도 여전히 안전한 수준이지만), 확실하게 하기 위해서 한 번 더 최대 일괄 크기를 다시 계산할 서브셋의 개수를 지금은 알 수 있다. 아래의 몇 줄 안 되는 루프는 별도로 처리되는 서브셋으로 훈련 셋을 나누는 걸 제어하는 형태와 정확하게 동일하다. 각 배치마다, 이 루프는 처리할 남은 모든 케이스들의 개수를 체크한 다음, 이를 남은 배치의 개수로 나눠서, 현재 배치에서 처리할 케이스들의 개수를 계산한다. 그 다음 CUDA 초기화 루틴을 호출해서, GPU 상에 메모리를 할당하고, 지역 상수 메모리를 초기화한다. 이 루틴의 전체 소스 코드는 MOD_CUDA.cu에 존재한다.

```
if (! cuda_initialized) {
  n_done = 0 ; // CUDA 초기화를 위해 반드시 최대 일괄 크기를 찾는다.
  for (ibatch=0 ; ibatch<n_subsets ; ibatch++) {
    n_in_batch = (nc - n_done) / (n_subsets - ibatch) ; // 남은 케이스들
/ 남은 배치
    if (ibatch == 0 || n_in_batch > max_batch)
      max_batch = n_in_batch ;
    n_done += n_in_batch ;
  }
  cuda_init ( ... ) ;
  cuda_initialized = 1 ;
}
```

cuda_weights_changed라는 전역 변수가 존재한다. 훈련 루틴에 의해 모델의 가중치 값들이 조절될 때는 이 변수의 값이 항상 1로 설정된다. 그러면 이 평가기준/

그레디언트 루틴이 호출될 때, 이 변수 값을 체크해서 이 플래그가 1로 설정된 경우, 새로운 가중치 셋을 GPU에 보낸다.

```
if (cuda_weights_changed) {
  ret_val = cuda_weights_to_device ( ... ) ;
  cuda_weights_changed = 0 ;
}
```

모든 배치에 걸쳐서 그레디언트 값들을 합산할 것이므로, 반드시 0으로 설정해 둔다.

```
if (find_grad) {
  for (i=0 ; i<n_all_weights ; i++)
    gradient[i] = 0.0 ;
}
```

이제 주요 배치 루프가 시작된다. 사용자의 시작, 끝 케이스들은 jstart와 jstop으로 지정된다. istart와 istop을 이용해서 이 범위를 배치별로 나눈다.

```
istart = jstart ;
n_done = 0 ;    // 지금까지 현재 에포크 안에서 처리된 훈련 케이스의 개수

for (ibatch=0 ; ibatch<n_subsets ; ibatch++) {
  n_in_batch = (nc - n_done) / (n_subsets - ibatch) ;
  istop = istart + n_in_batch ;

/*
전향 진행
*/

// 남은 케이스/남은 배치

// 이 인덱스 직전에서 중단 for (ilayer=0 ; ilayer<n_layers ; ilayer++) {
  // 모든 은닉층; 개별로 출력
  if (layer_type[ilayer] == TYPE_FC)
    ret_val = cuda_hidden_activation_FC ( istart , istop ,
nhid[ilayer] , ilayer ) ;
  else if (layer_type[ilayer] == TYPE_LOCAL)
    ret_val = cuda_hidden_activation_LOCAL_CONV_shared ( 1 , istart ,
```

```
istop , nhid[ilayer] , depth[ilayer] , ilayer ) ;
  else if (layer_type[ilayer] == TYPE_CONV)
    ret_val = cuda_hidden_activation_LOCAL_CONV_shared ( 0 , istart ,
istop , nhid[ilayer] , depth[ilayer] , ilayer ) ;
  else if (layer_type[ilayer] == TYPE_POOLAVG)
    ret_val = cuda_hidden_activation_POOLED ( 1 , istart , istop ,
nhid[ilayer] , depth[ilayer] , ilayer ) ;
  else if (layer_type[ilayer] == TYPE_POOLMAX)
    ret_val = cuda_hidden_activation_POOLED ( 0 , istart , istop ,
nhid[ilayer] , depth[ilayer] , ilayer ) ;
  } // ilayer루프 종료

/*
전향 진행 출력 레이어, 그 다음은 SoftMax
*/

  if (n_layers == 0)
    ret_val = cuda_output_activation_no_hidden ( istart , istop ) ;
  else
    ret_val = cuda_output_activation ( istart , istop ) ;
    ret_val = cuda_softmax ( istart , istop ) ;
```

위 루프는 모든 은닉층을 전향으로 거쳐 나가면서(출력층 제외), 레이어별로 활성화 값을 계산한다. 그 다음 은닉층이 있는지, 아니면 입력층에서 곧바로 출력층으로 이어지는지에 따라 별도의 루틴을 이용해서 출력 활성화를 계산한다. 마지막으로 출력 값을 SoftMax로 변환한다.

호출자가 그레디언트 값도 구하길 원한다면, 어떤 모델(부적절하게 설계된)의 경우, 몇몇 항들이 실제로 0이지만 아키텍처상으로는 정의되지 않기 때문에 GPU 상에서 그레디언트 값을 0으로 설정한다. 출력 델타와 그레디언트를 계산한 다음, 모든 은닉층을 역방향으로 거쳐나가는 루프를 돌면서, 역전파 델타와 그레디언트를 계산한다.

```
if (find_grad) {
  ret_val = cuda_zero_gradient ( istop-istart , n_all_weights ) ;
  ret_val = cuda_output_delta ( istart , istop , n_classes ) ;
  if (n_layers == 0)
```

```
    ret_val = cuda_output_gradient ( istart , istop-istart , n_pred ,
-1 , n_classes ) ;
  else
    ret_val = cuda_output_gradient ( istart , istop-istart , nhid[n_
layers-1] , n_layers-1 , n_classes ) ;

  for (ilayer=n_layers-1 ; ilayer>=0 ; ilayer--) {
    if (ilayer == n_layers-1 || layer_type[ilayer+1] == TYPE_FC)
      ret_val = cuda_backprop_delta_FC ( istop-istart , ilayer ,
nhid[ilayer] ) ;
    else if (layer_type[ilayer+1] == TYPE_LOCAL ||
      layer_type[ilayer+1] == TYPE_CONV)
      ret_val = cuda_backprop_delta_nonpooled ( istop-istart , ilayer
, nhid[ilayer] ) ;
    else if (layer_type[ilayer+1] == TYPE_POOLAVG ||
      layer_type[ilayer+1] == TYPE_POOLMAX)
      ret_val = cuda_backprop_delta_pooled ( istop-istart , ilayer ,
nhid[ilayer] ) ;
      ret_val = cuda_move_delta ( istop-istart , nhid[ilayer] ) ; //
이전에서 현재로 이동

    ret_val = cuda_hidden_gradient ( TrainParams.max_hid_grad ,
      TrainParams.max _mem_grad ,
      istart , istop-istart , ilayer , layer_type[ilayer] ,
nhid[ilayer] ,
      ilayer ? nhid[ilayer-1] : n_pred , depth[ilayer] , n_prior_
weights[ilayer] , &n_launches ) ;
} // 모든 레이어를 대상으로 역향(backward)
```

역방향으로 완전히 진행되 이후에는 그레디언트 값을 가져와서, 현재의 처리된 배치 개수를 누적시키고, 그 다음 배치를 대상으로 다시 루프를 돌린다. 모든 배치들이 처리되면, 모든 훈련 케이스들에 걸쳐서 로그 발생 가능 확률 평가기준을 계산하고, 평가기준을 정규화하는 것과 같은 방식으로 그레디언트 값을 정규화한다. 리턴하기 전 마지막 단계는 가중치 패널티를 적용하는 것이지만, 이 코드가 너무 내용이 길고 70페이지에서 본 것과 동일하기 때문에 여기에 수록하지 않았다.

```
      ret_val = cuda_fetch_gradient ( istop-istart , n_all_weights , layer_
      gradient , n_classes , n_layers , layer_type , IMAGE_rows , image_cols
      , image_bands , height , width , depth , nhid , HalfWidH , HalfWidV )
      ;
      } // find_grad가 참이면

      n_done += n_in_batch ;
      istart = istop ; // 다음 배치로 나아간다.
      } // ibatch루프 종료

      ret_val = cuda_ll ( nc , &ll ) ;

      if (find_grad) {
        for (i=0 ; i<n_all_weights ; i++)
          gradient[i] /= (nc * n_classes) ;
      }

      ... 가중치 패널티 적용...
      return ll / (nc * n_classes) + penalty ; // 음의 로그 발생 가능 확률
      }
```

5

CONVNET 매뉴얼

이번 장은 사용자가 CONVNET 프로그램을 사용할 때 참고할 수 있는 매뉴얼에 대해 다룬다. 이 프로그램은 내 홈페이지에서 무료로 다운로드할 수 있다. 첫 번째 절은 어떤 용도로 쓰는지, 페이지 변호를 붙여서 간단한 설명과 함께 모든 메뉴 옵션들을 나열하고 있으며, 해당 페이지에서 더욱 상세한 내용을 확인할 수 있다.

메뉴 옵션

File 메뉴

Read control file – 198페이지

표준 텍스트 파일을 읽어들인다. 이 파일은 모델에 특화된 아키텍처 정보를 담고 있다(아키텍처를 정의하는 유일한 방법이다). 선택적으로 모델을 훈련시키기 위한 입력 이미지를 읽거나 생성하는 명령들을 포함할 수도 있다.

Read MNIST image

표준 MNIST-포맷 파일을 읽어들인다. 이미지 파일을 읽고 나서, 이 이미지에 대응하는 라벨 파일을 반드시 읽어와야 한다. 단 하나의 MNIST 이미지/라벨 쌍을 읽을 수도 있을 것이다. 하나의 MNIST 이미지/라벨 쌍을 읽어들인 이후에는 다른 파일 읽기 옵션들은 비활성화된다. 10개의 클래스가 있다고 가정한다. 즉, 클래스의 개수는 프로그램에 하드 코딩된다. 하지만 이미지의 크기는 하드코딩으로 입력되지 않는다. 이 크기는 파일로부터 읽어들인다. 행과 열의 크기를 곱한 결과가 2^16-1=65,535보다 크면 안 된다. 이는 CUDA 장치의 하드웨어적 제약 사항으로, 해결하기 힘든 부분이다.

Read MNIST labels

표준 MNIST-포맷 라벨 파일을 읽어들인다. 10개의 클래스가 있다고 가정한다. 반드시 대응되는 MNIST 이미지 파일부터 읽어들인 다음에 라벨 파일을 읽어야 한다.

Read CIFAR-10 image

표준 CIFAR-10-포맷 파일을 읽어들인다. 다수의 CIFAR-10 파일을 읽어들일 수도 있으며, 이 경우 이 파일들을 연이어 붙인다. 단, MNIST 또는 연속 데이터가 이미 존재하는 경우, 이 옵션은 사용되지 못한다.

Read series – 199페이지

단일 변화량인 연속 시간을 읽어들여서 일련의 예측기들을 이 연속 시간 없을 기반으로 계산한다. 선택적으로 미분된 로그 변환을 이용할 수 있다. 클래스 식별자들이 생성된다. 이 옵션을 선택하면 메뉴가 나타난다. 연속 데이터를 읽는 것과 관련된 파라미터를 입력할 수도 있다. 이러한 파라미터들은 파일을 제어한다는 문맥에서, 199페이지에서 논의한다.

Make image

데이터와 모델 구성을 쉽고 빠르게 테스트할 수 있도록 랜덤한 색조를 이용해서 인위적으로 이미지를 만든다. 사용자는 높이 및 너비, 밴드의 개수, 클래스의 개수, 케이스의 개수 등을 지정해준다. 이 명령은 데이터 셋이 이미 존재하는 경우 사용될 수 없다.

Clear all data

모든 훈련 데이터를 삭제하지만 훈련된 모델은(존재한다면) 그대로 유지한다. 이 명령의 목적은 테스트 데이터 셋 읽기를 허용하고 훈련된 모델의 성능을 새로운 데이터 셋을 통해 계산하는 것이다. 이 동작의 일반적인 순서는 훈련 데이터를 읽고, 훈련시키고, 메모리를 청소하고, 테스트 데이터를 읽어서, 테스트를 수행하는 것이다.

Print

현재 선택된 출력 윈도우(Display 메뉴 아래에 생성된)를 화면에 띄운다. 아무런 윈도우도 선택되지 않았다면, Print 메뉴는 비활성화된다.

Exit

프로그램을 종료한다.

Test 메뉴

Use CUDA(Toggle Yes/No)

이 옵션은 컴퓨터에 CUDA 지원 GPU가 설치된 경우에만 활성화된다. 체크 마크가 이 옵션 옆에 표시되면, CUDA 지원 GPU가 연산 비용이 높은 동작에 사용된다. 이 옵션을 클릭하면 체크 마크를 활성화/비활성화시킬 수 있다.

Training params – 205페이지

훈련에 관련된 파라미터를 설정할 수 있다. 이 옵션을 선택하면 이러한 파라미터들을 기본값 이외의 값으로 변경시킬 수 있는 대화창이 나타난다. 이러한 파라미터의 본질에 대해서는 205페이지의 제어 파일을 다루면서 논의한다.

Train – 191페이지

현재 존재하는 데이터를 이용하여 모델을 훈련시킨다. 키로 어떤 훈련단계는 인터럽트를 걸 수 있고, 어떤 단계는 걸 수 없는지 이해하는 게 중요하다. 208페이지에서 자세한 설명을 하고 있다.

Test

훈련된 모델을 현재 존재하는 데이터로 테스트할 수 있다. 현재 구현된 CONVNET 버전은 혼성 행렬의 계산 도중에 인터럽트를 허용하지 않는다. 그저 계산이 끝날 때까지 기다려야 한다. 미안하다. 이는 처리해야 할 부분이지만, 몇 가지 기술적 이유로 인해, 그렇게 쉽게 해결할 수 있을 것 같지는 않다. 계속해서 나의 웹사이트에 개선된 버전을 업로드하도록 하겠다.

Print model weights

모든 모델 가중치 값들이 CONVNET.LOG 파일에 출력된다. 그 내용이 엄청나게 방대할 수도 있다! 가장 근래의 모델도 거대한 양의 가중치를 가질 수 있으므로 미리 말해주자면, 관련 정보를 CONVNET.LOG 파일에 기록하는 것은 많은 시간과 리소스를 잡아먹을 것이다.

Display 메뉴

Display training images – 209페이지

현재 데이터 셋에서 사용자가 선택할 수 있는 이미지 셋을 출려한다.

Display filter images – 210페이지

훈련된 모델이 있고, 이 모델의 첫 번째 은닉층이 합성곱 레이어라면, 이 옵션은 사용자가 선택 가능한 슬라이스 셋에 대해, 필터 가중치를 이미지로 출력해준다.

Display activation images – 211페이지

훈련된 모델이 있다면, 이 옵션은 사용자가 선택 가능한 슬라이스 셋과 훈련 케이스에 대해서, 첫 번째 은닉층의 시각 영역의 활성화를 이미지로 출력해준다.

제어 파일 읽어오기

똑똑한 독자라면 이 절을 공부해서 대부분 또는 모든 동작들을 제어 파일로 수행시키는 방법에 대해 배우려 할 것이다. 모델의 아키텍처를 정의하는 것을 제외한, 모든 CONVNET 동작들은 이 메뉴 시스템으로 정의할 수 있으며, 아마도 한가하게 노닥거릴 수 있는 상황이라면, 선호할 만한 방법이다. 하지만 방대한 규모의 대부분의 케이스에서 가장 좋은 것은 사용자가 우선 일반적인 텍스트 편집기를 이용해서 제어 파일을 생성하고 완전하게 모든 프로젝트 상세 정보들을 정의하는 것이다. 이는 지루하게 반복적인 파라미터 항목들의 정의를 메뉴 시스템을 통해 회피할 수 있게 해주며, 모든 프로젝트 특화된 문서를 제공해준다.

제어파일은 일반적인 텍스트 파일이다. 이 파일은 프로젝트의 개개의 상세한 사항들을 정의하는 정보들로 구성된다. 두 개의 슬래시(//)로 주석문을 만들 수 있으며, 파일 상에서 특정 항목을 지우지 않아도 이들을 일시적으로 비활성화시킬 수 있는 간편한 메커니즘을 제공한다.

이미지 데이터 생성과 읽어오기

이번 절에서는 랜덤 테스트 이미지를 생성하거나 널리 쓰이는 포맷의 이미지 파일을 읽어들이는 방법들을 다룬다.

MAKE IMAGE Rows Columns Bands Classes Cases

랜덤한 색조를 갖는 훈련 이미지 셋을 생성한다. 사용자는 높이와 너비, 밴드의 수, 클래스의 개수, 케이스의 개수 등을 설정할 수 있다. 데이터 셋이 이미 존재한다면 이 명령은 사용할 수 없다.

READ MNIST IMAGE "FileName"

하나의 MNIST 이미지 파일을 읽어들인다. 데이터 셋이 이미 존재한다면 이 명령은 사용할 수 없다. 이미지 파일을 읽어들인 다음에는 반드시 이 이미지에 대응하는 라벨 파일을 읽어들여야 한다.

READ MNIST LABELS "FileName"

MNIST 라벨 파일을 읽어들인다. 이 명령은 보통은 READ MNIST IMAGE 명령 다음에 사용될 것이다.

READ C10 IMAGE "FileName"

하나의 CIFAR-10 이미지 파일을 읽어들인다. CIFAR-10 이외의 다른 데이터 셋이 이미 존재한다면 이 명령은 사용할 수 없다. 다수의 CIFAR-10 이미지 파일을 읽어올 수도 있으며, 이 경우 파일들을 연이어 합쳐놓는다.

시계열 데이터를 이미지로 변환하여 읽어오기

시계열timer series 데이터를 이미지 셋으로 변환하는 강력한 기능이 내장돼 있다. 즉, 시간의 흐름에 따라 이미지 윈도우가 이어져서 출력된다. 각 윈도우 위치는 하나의 이미지를 정의한다. 이 윈도우 이미지는 사용자가 정의한 행(연속 데이터의 값)과 열(윈도우 상에서의 상대 시간)의 개수로 분할된다. 이 시계열의 경로는 이미지 상에서 검정 색으로 설정되며, 그 밖에는 모두 흰색으로 설정된다. 그림 5.1은 OEX의 Standard & Poor 100 지수 정보를 기반으로 하여, 윈도우가 좌측에서 우측으로 이동하며 진행하는 전형적인 이미지 셋을 보여준다.

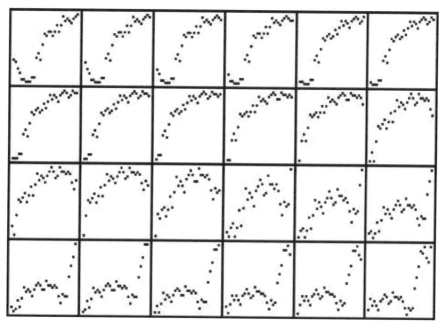

그림 5.1 OEX 데이터의 연속 이미지 변환

시계열 데이터와 이미지 셋을 읽어들이는 명령들을 아래에 나열해놓았다. 이 밖에는 설정이 필요한 부분은 없다. 하지만 대부분의 경우 사용자는 몇몇 기본값을 변경하고 싶을 것이다. 기본값과 함께 원칙적인 지정에 대해서도 나타냈다. 당연히, 이러한 지정은 모두 반드시 이들을 적용할 시계열 데이터의 읽기 명령 이전에 나타나야 한다.

시계열 파일은 반드시 일반적인 텍스트 파일이어야 한다. 헤더를 포함할 수도 있으며, 여러 개의 열들로 이뤄져 있을 수 있다. 열의 수가 많다면, 공백 문자, 탭, 콤마 문자를 구분자로 사용한다. 하나의 레코드 당 하나의 관찰 값이 들어가게 된다.

READ SERIES "FileName"

시계열 파일을 읽어들인다. 데이터 셋이 이미 존재하는 경우, 이 옵션은 사용되지 못한다. 이 시계열 데이터를 기반으로 이미지 셋을 만들기 위해서 이동 윈도우가 적용된다.

SERIES COLUMN = Column

어떤 열에서든 시계열 데이터를 가져올 수 있다. 이는 원하는 값을 담고 있는 특정 열을 지정하는 데 사용된다. 기본값은 1이다.

SERIES WINDOW = Width

각 윈도우 위치에서 레코드의 개수를 정의한다. 그러므로 이 값은 이미지의 너비를 의미한다. 기본값은 16이다.

SERIES RESOLUTION = Resolution

각 윈도우 위치에서 수직 방향 해상도를 의미한다. 그러므로 이미지의 높이를 의미한다. 기본값은 16이다.

SERIES SHIFT = Shift

다음 이미지를 생성하기 위해 각 윈도우 위치가 나아갈 레코드의 개수를 의미한다. 기본값은 1이다.

SERIES RAWDATA

기본적으로 파일에서 읽어들인 값을 시계열 데이터로 사용되도록 설정한다.

SERIES RAWLOG

파일에서 읽어들인 값에 로그를 취한 결과 값들을 시계열 데이터로 사용되도록 설정한다.

SERIES DIFFDATA

사용되는 파일에서 읽어들인 값들의 차이 값을 시계열 데이터로 사용하도록 설정한다. 다시 말하면, 개개의 계산된 시계열 값은 곧 파일의 현재 값에서 이전 값을 뺀 결과다.

SERIES DIFFLOG

차이값에 로그를 취했다는 점만 제외하면 SERIES DIFFDATA와 동일하다. 동등하게, 비율에 로그를 취한 것이다.

SERIES FRAC FULL = Fraction

이는 윈도우의 전체 수직 영역을 차지하도록 강제하는 훈련 셋 케이스들의 분수 값(0~1 사이의)이다. 정보를 왜곡시킬 수 있기 때문에 윈도우들은 개별적으로 정규화(스케일링)될 필요는 없다. 정규화는 일반적으로 전체 시계열에 상대적이다. 0으로 지정하는 것은 모든 윈도우에 걸쳐서 시계열의 가장 큰 범위를, 윈도우의 전체 수직 범위로 매핑한다. 이는 단 하나의 윈도우만이 전체 수직 범위를 출력한다는 걸 의미한다(동등한 경우를 제외하고). 여러 가지 경우에 있어서, 이는 윈도우가 거의 아무런 변이(variation)가 없는 결과를 초래

한다. 즉, 이들은 근본적으로 평평한 선이된다. 1을 지정하면, 각 윈도우가 개별적으로 정규화되도록 하므로, 모든 윈도우들이 전체 출력 범위를 출력하게 된다. 이는 커다란 변이를 갖는 윈도우와 작은 변이를 갖는 윈도우를 구별하기 힘들게 만들므로 좋지 않다. 이는 중요한 정보이며, 손실이다. 기본값은 0.2다. 이는 의마한다. 80퍼센트(1 빼기 0.2)라는 윈도우 내의 범위는 80퍼센트의 케이스를 전체 수직 범위에 매핑하는 걸 의미한다. 시계열 범위가 이 수량을 초과하는 윈도우의 20퍼센트는 전체 수직 범위로 개별적으로 정규화된다. 이 정의를 간단하게 간주하여 생각하는 방법은, 전체 수직 범위에 개별적으로 정규화되는 케이스들의 분모라고 보는 것이다. 대부분의 애플리케이션에서 이 값은 0.5 정도가 적당하다.

SERIES TARGET NO DIFF

기본적으로 윈도우를 지난 시계열 데이터에서, 목표 클래스가 다음 값에 의해 결정되도록 설정한다. 이러한 결정은 시계열 데이터의 비차등undifferenced 혹은 차등differenced 본질에 기반한다. 다시 말하면, 사용자가 시계열 데이터를 차이 값으로 지정하는 경우, 혹은 이런 경우에만, 윈도우 밖에서의 다음 값에서 윈도우 안에서의 마지막 값을 뺀 차이 값으로 목표 클래스를 결정한다. 목표치의 차이 값 도출이 예측기와 매칭된다.

SERIES TARGET DIFF

시계열 데이터가 차이 값으로 구성된게 아닌 데(즉, RAWDATA 또는 RAWLOG 인 경우), 목표치가 이러한 차이 값을 기반으로 구성되길 원한다면, 이 옵션을 설정한다. 예를 들어, 이 옵션은 금융 시장 예측에 적절할 것이다.

SERIES CLASS ZERO

기본값은 케이스의 클래스가 목표치의 부호로 정의되는 것으로 설정한다(이는 위와 마찬가지로 차이 값을 기반으로 할 수도, 안할 수도 있다). 0보다 큰 목표치를 갖는 경우와, 0과 같거나 작은 목표치를 갖는 경우로 나뉘어 2개의 클래가 정의된다.

SERIES CLASS MEDIAN

이는 케이스의 클래스가 훈련 셋에 걸쳐서 계산된 중간(median) 값에 상대적인 목표치에 의해 정의되도록 설정한다. 이 중간값을 기준으로 더 큰 경우와, 같거나 작은 경우로 나뉘어 2개의 클래스가 정의된다.

SERIES CLASS THIRDS

이는 케이스의 클래스를 훈련 셋에 걸쳐서 33에서 66퍼센트에 상대적인 목표치로 정의하도록 설정한다. 33, 66을 기준으로 3개의 클래스, 즉 저low, 중middle, 고high 클래스로 분류한다.

SERIES NO HEADER

기본적으로 시계열 파일이 아무런 헤더 레코드를 갖지 않는다고 설정한다. 데이터는 첫 번째 레코드부터 시작한다.

SERIES HEADER

시계열 파일이 헤더를 갖는다고 설정하여, 첫 번째 레코드를 생략한다.

모델 아키텍처

모델의 아키텍처를 반드시 제어 파일에 정의해야한다. 이를 수행하기 위한 메뉴 인터페이스는 존재하지 않는다. 모델의 레이어들은 첫 번째 은닉층에서 마지막 은닉층의 순서로 주어진다. 입력 및 출력층에 대한 설정은 없다. 다음에 나열된 종류의 레이어들을 정의할 수 있다.

FULLY CONNECTED LAYER Slices

설정된 개수의 슬라이드로 구성된 완전히 연결된 레이어를 생성한다. 아키텍처 레포트에서 이 레이어는 하나의 행과 열, 그리고 슬라이스의 개수와 동일한 깊이를 갖는 형태로 나타난다.

LOCAL LAYER Slices hwV hwH padV padH strideV strideH

설정된 개수의 슬라이드와 수직 및 수평 절반 너비, 수직 및 수평 패딩, 수직 및 수평 스트라이드 등으로 구성된 지역적으로 연결된 레이어를 생성한다. 현재 레이어의 시각 영역 크기는 35페이지의 식 (2.8)로 주어진다.

CONVOLUTIONAL LAYER Slices hwV hwH padV padH strideV strideH

설정된 개수의 슬라이드와 수직 및 수평 절반 너비, 수직 및 수평 패딩, 수직 및 수평 스트라이드 등으로 구성된 합성곱 레이어를 생성한다. 현재 레이어의 시각 영역 크기는 35페이지의 식 (2.8)로 주어진다.

POOLED AVERAGE LAYER widthV widthH strideV strideH

설정된 수직 및 수평 너비(절반 너비가 아니다)와 스트라이드로 된 평균 풀링 레이어를 생성한다. 현재 레이어의 시각 영역 크기는 35페이지의 식 (2.8)로 주어진다. 슬라이스들의 개수는 이전 레이어에 존재하는 개수와 동일하다.

POOLED MAX LAYER widthV widthH strideV strideH

설정된 수직 및 수평 너비(절반 너비가 아니다)와 스트라이드로 된 최대 풀링 레이어를 생성한다. 현재 레이어의 시각 영역 크기는 35페이지의 식 (2.8)로 주어진다. 슬라이스들의 개수는 이전 레이어에 존재하는 개수와 동일하다.

파라미터 훈련

다음에 나열한 파라미터는 훈련에 관련된 것들이다. 기본값들은 지시된 내용 들과 같다. 아마도 개선된 버전의 CONVNET 프로그램에서는 이 책에 프린트된 기본값 과는 다른 값들을 사용할 수도 있다. 현재 개발된 버전에서 사용하는 기본값들은 Test / Training 파라미터 메뉴 옵션을 선택해서 확인해볼 수 있다.

MAX BATCH = Number

이는 CUDA 훈련 작업과만 관련된다. 커널 런치들은 악명 높은 Windows WDDM 타임아웃을 회피하기 위해서 전체 훈련 셋의 서브셋들로 분할된다. 이 파라미터는 하나의 서브 셋 안의 케이스들의 최대 개수를 제한한다. 기본 값은 100이다. 런치당 모든 훈련 과정에 소요되는 수행 시간을 줄이기 위해 이 기본값을 낮춘다.

MAX HID GRAD = Number

합성곱 레이어와 지역적으로 연결된 레이어의 CUDA 그레디언트 연산을 수 행하는 동안 각 런치 마다 처리될 최대 은닉 뉴런들의 개수다. 이 값을 줄이 면 훈련에 아무런 영향을 미치지 않고도 런치당 그레디언트 연산에 걸리는 시간을 감소시킬 수 있다. 다양한 상황에 있어서, 이 값을 크게 잡고, 다음 파 라미터인 MAX MEMGRAD로 시간을 제한하는 게 최선이다. 기본값은 이 변수 타입이 지원하는 최댓값인 65535이다.

MAX MEMGRAD = Number

합성곱 레이어와 지역적으로 연결된 레이어의 그레디언트 연산에 요구되 는 시간을 줄이기 위해 선호될 만한 방법이 될 수 있다. 그렇다고 다른 동작 에 아무런 영향을 미치지도 않는다. 이는 메가바이트 단위로 합성곱 은닉층 을 위한 동작을 시작하기 위해 사용될 최대 메모리를 설정한다. 유용한 부수 적 효과는 메모리를 제약하는 것이 런치를 더 작은 은닉 뉴런 셋으로 런치들 을 나누도록 한다. 이는 런치당 계산 시간을 감소시키기 때문에 Windows

WDDM 타임아웃을 방지하는 데 좋다. 이 수를 줄이면 런치당 계산 시간을 줄이게 된다. 독자 역시, 사용 중인 CUDA 장비가 제한된 메모리 크기를 갖는 다면, 더 작은 값을 사용하길 원할 것이다. 기본값은 2047메가바이트며, 이는 최대로 가질 수 있는 값이다.

이전 세 가지 파라미터 요약

윈도우 OS는 단일 커널 런치에 대한 CUDA 연산 시간을 제한한다. 이 제약은 일반적으로 2초 정도다. 이 시간을 넘어가면, 일시적으로 화면이 꺼졌다가 다시 켜지면서 에러 메시지를 띄운다. 그리고 해당 애플리케이션은 심각할 정도로 위태로운 상태에 빠진다. 이런 일이 생기면, 개발자는 반드시 커널당 실행 시간을 줄여야 한다. CUDA.LOG 파일을 공부하면서 어디서 런치당 연산 시간이 오래 걸리는 요인이 되는 지 확인하길 바란다. 활성화 및 그레디언트 연산이 시간을 많이 잡아먹는 주요 원인이 된다. 최대 배치 파라미터는 모든 동작에 영향을 미친다. MAX HID GRAD와 MAX MEMGRAD 파라미터는 지역적으로 연결된 레이어와 합성곱 레이어에 대해서 그레디언트 연산에만 영향을 미친다. 이러한 세 가지 파라미터를 원하는 데로 조절하여, 런치당 실행 시간이 윈도우의 시간 제약에 걸리지 않도록 한다. 기본값은 이 제약이 적용되지 않으며, 태스크를 여러 개의 런치들로 쪼개는 것이 커다란 오버헤드를 만들어내기 때문에 언제든 가능하면 이 값을 쓰는 게 좋다.

ANNEAL ITERS = Number

개선 작업을 위해, 적절한 시작 가중치를 찾기 위해 사용되는 담금질 모사 순환 회수를 저정한다. 사용자는 ESCape키를 눌러서 담금질 모사 작업을 중단시킬 수 있다. 그러면 키를 누를 때까지 찾은 가장 좋은 결과로 개선 작업을 시작한다. 기본값은 100이다.

ANNEAL RANGE = Number

담금질 모사의 시작 값으로 시도되는 랜덤한 값의 근사 범위다. 더 큰 값을 주면, 더 넓은 검색 공간을 제공하게 되지만, 동시에 터무니없이 큰 초기 가중치를 도출할 위험이 있어, 합리적인 가중치로 줄어들 가능성이 거의 없어진다. 너무 큰 값이거나 작은 값일 경우 에러를 내는 게 더 좋다. 기본값은 0.1이다.

MAX ITERS = Number

가중치 개선에 사용되는 켤레 그레디언트 순회의 최대 횟수를 설정한다. 기본값은 1000회 이다. 단 하나의 제어 파일에서 여러 개의 훈련 과정을 처리한다면, 이 값을 작게 주는 게 좋다. 하지만 그 밖의 대부분의 경우, 다름 파라미터인 TOL을 훈련 종료에 사용하기 위해 이 값을 매우 크게 주는 것이 가장 좋다. 아니면, 개발자가 평가기준 그래프를 보고 직접 계산이 어느 정도 안정화되서 수렴한다고 판단했을 때, 훈련을 중단시킬 수도 있다.

TOL = Number

가중치 개선 알고리즘의 수렴을 결정하기 위해 선호할 만한 옵션으로. 대략적으로 말하면, 수렴 여부를 결정하기 위한 평가기준이 각 순환 마다의 개선 정도를 설정한다. 기본값은 0.00005다. 작은 값을 주 훈련 작업을 더욱 확장시키게 된다. 훈련 작업은 MAX ITERS 또는 TOL에 도달하면 종료된다.

WPEN = Number

큰 가중치 값에 패널티를 적용하는 가중치 패널티를 설정한다. 정의에 따라, 양수 값은 훈련된 모델의 성능 평가기준을 저하시킬 것이다. 하지만 큰 가중치 값들은 종종 과적합과 연관되기 때문에 아마도 외표본(out-of-sample)의 성능을 얻는 게 더 낳을 수도 있다. 기본값은 0이다. 작은 가중치 패널티 값은 작업 시간이 오래 걸리므로, 실험을 하는 과정이었다면, 0.001 정도로 매우 작은 값으로 시작하는 게 좋다.

오퍼레이션

현재로서는 제어 파일을 통해 CONVNET으로 수행될 수 있는 오퍼레이션은 아래와 같이 세 가지다.

TRAIN

현재 데이터셋을 이용해서 모델을 훈련시킨다. 이 오퍼레이션은 대략적으로 네 가지단계로 나뉜다. 첫 번째단계에서는 담금질 모사 기법을 사용해서 이후의 개선을 위한 적절한 시작 가중치를 찾는다. ESCape키를 눌러서 담금질 과정을 중단시킬 수 있으며, 이 때까지 찾아낸 최적의 가중치로 개선 작업을 시작한다.

두 번째 단계는 켤레 그레디언트 최적화를 이용한 가중치 개선이다. 이것도 ESCape키로 중단시킬 수 있다. 하지만 어떤 경우에는, 특정 하위 처리 단계들은 중단이 불가능하기 때문에 상당한 시간이 흐른 뒤에 응답을 할 수도 있다. 인내심을 갖고 기다리자.

세 번째 단계는 짧으면서도, 찾아낸 최적의 가중치로 데이터를 마지막으로 순환을 돈다. 이 단계는 ESCape로 중단시킬 수 있다. 하지만 이렇게 하면 모든 처리 결과를 날려버리게 되므로, 주의하자.

네 번째 단계는 혼동confusion 행렬 연산 단계다. 안타깝게도, 현재 CONVNET 버전은 이 오퍼레이션 과정에서 인터럽트 중단을 허용하지 않는다. 이번에도 참는 게 최선이다.

TEST

훈련된 모델과 데이터 셋이 이미 존재한다고 가정한다. 성능 평가기준(주로 혼동 행렬인 경우가 많음)을 계산한다.

CLEAR

훈련된 모델이 존재한다면, 이를 제외한 모든 데이터를 지운다. 일반적인 용도는 모델을 훈련시킨 이후에 테스트 셋을 읽어들일 수 있도록 허용하기 위해서다. 보통 다음과 같은 순서를 따른다.

트레인 데이터 읽어들이기

훈련

지우기(Clear)

테스트 데이터 읽어들이기

테스트

이미지 출력

유용한 정보를 이미지로 출력하기 위한 옵션들이 여러 가지로 제공된다.

훈련 이미지 출력

훈련 셋으로부터 이미지들을 출력한다. 이 옵션은 이미지가 하나 또는 세 개의 밴드를 갖는 경우에만 활성화된다. 사용자는 아래의 정보를 메뉴에 입력한다.

First to display

화면에 출력할 첫 번째 훈련 셋 케이스의 순서번호다(1이 첫 번째를 의미한다). 이미지는 화면의 좌측 상단부터 출력되며, 오른쪽으로 진행된다. 전체 출력 개수는 훈련 셋의 개수를 초과한다. 케이스들은 훈련 셋의 첫 번째 케이스 근방에 있다.

Rows

출력할 이미지의 행의 수를 지정한다.

Columns

출력할 이미지의 열의 수를 지정한다. 전체 훈련 케이스 개수는 Rows × Columns다.

필터 이미지 출력

입력 이미지가 하나 또는 세 개의 밴드를 갖고 훈련된 모델이 존재하며, 이 모델의 첫 번째 은닉층이 합성곱 레이어라면, 이 옵션은 필터 가중치를 이미지로 출력한다. 출력된 이미지는 필터와 동일한 크기와 방향을 갖는다.

입력 이미지의 밴드가 하나라면, 흑백 화면을 출력한다. 이 때, 음수의 가중치는 검정색으로 양수의 가중치는 흰색으로 나타난다. 중간 크기는 회색 음영으로 표현된다.

입력 이미지가 세 개의 밴드를 갖는 경우, 입력 이미지의 색상에 대응하는 3가지 색상(RGB)으로 화면에 출력한다. 예를 들어, 세 가지 밴드에 모두 대응하는 가중치 값들이 큰 음수 값을 갖는 경우, 대응되는 이미지 픽셀은 검정색으로 출력된다. 반대로 큰 양수 값을 갖는 경우, 픽셀은 흰색으로 출력된다. 빨간 픽셀은 입력 이미지의 빨간색 채널에 대한 가중치가 큰 양수 값을 갖고, 남은 두 개의 채널은 큰 음수 값을 갖는 다는 걸 의미한다. 나머지도 마찬가지다. 사용자는 다음의 파라미터들을 설정할 수 있다.

First slice to display

출력할 첫 번째 슬라이스의 순서 번호다. 이미지는 화면의 상단 좌측에서부터 오른쪽 방향으로 진행하면서 출력된다. 출력할 이미지의 전체 개수가 슬라이스의 개수를 넘어서면, 첫 번째 슬라이스에 맞춰 다듬는다.

Rows for slices

출력할 슬라이스 이미지 행의 수를 의미한다.

Columns for slices

출력할 슬라이스 이미지 열의 수를 의미한다. 최종적으로 행과 열을 곱한 만큼의 슬라이스가 출력된다.

Scale slices individually

기본적으로, 가중치를 톤에 매핑하기 위한 스케일 값은 가중치를 출력하는 모든 행과 열을 검사하여 결정된다. 이 사각 영역을 검사한 경우, 스케일링을 각 이미지에 별도로 적용되며, 이는 저-사용(low-utility) 필터를 과도하게 강조하는 결과를 가져올 수도 있다.

활성화 이미지 출력

훈련된 모델과 데이터 셋이 존재하는 경우, 첫 번째 은닉층(레이어의 종류가 무엇이든)의 활성화를 이미지로 출력할 수 있다. 이 이미지는 흑백 이미지가 되며, 검정색은 가장 낮은 활성화를 의미하고 흰색은 가장 높은 활성화를 의미한다.

사용자는 다음 파라미터들을 설정해준다.

First slice to display

출력할 첫 번째 슬라이스의 순서 번호다. 이미지는 화면의 상단 좌측에서부터 오른쪽 방향으로 진행하면서 출력된다. 출력할 이미지의 전체 개수가 슬라이스의 개수를 넘어서면, 첫 번째 슬라이스에 맞춰 다듬는다.

Rows for slices

출력할 슬라이스 이미지 행의 수를 의미한다.

Columns for slices

출력할 슬라이스 이미지 열의 수를 의미한다. 최종적으로 행과 열을 곱한 만큼의 슬라이스가 출력된다.

Case number

활성화 값을 출력할 훈련 케이스의 순서 번호로, 절대로 훈련 케이스의 개수
보다 크면 안 된다.

출력 예제

이번 절에서는 여러 가지 출력 옵션들을 어떻게 활용할 수 있는지 예제를 통해 살
펴볼 것이다.

다음 페이지의 그림 5.2는 MNIST 데이터 셋에서 발췌한 숫자 0 예제다. 8개의 슬
라이스들로 이뤄진 합성곱 레이어로 구성된 모델을 생성해서 MNIST 데이터셋을
이용해 훈련 작업을 수행한다. 그림 5.3은 8개의 각 슬라이스에 대한 가중치가 초
기 훈련 프로세스에서 어떤 모습을 갖는지 보여준다. 이 그림이 보여주는 랜덤성
에 주목하자. 그림 5.4는 훈련이 끝난 다음의 출력이 수렴하는 모습을 보여준다. 이
때, 명확한 응답 패턴이 나타는 점에 주목하자. 마지막으로 그림 5.5는 8개의 슬라
이스들의 활성화 패턴을 그림 5.2의 MNIST의 숫자 0과 함께 제시하고 있다.

이 내용은 좀 더 진행해볼 가치가 있다. 그림 5.4의 두 번째(최상단 행의 왼쪽에서 두
번째) 슬라이스에서 나타나는 가중치 패턴을 살펴보자. 중앙 부근이 매우 밝으며
(높은 양의 가중치), 그 외에는 매우 어두운(0 또는 음의 가중치) 형태를 갖는다. 예상했
겠지만, 그림 5.5와 같은 슬라이스에 대해, 이러한 활성화 패턴은 어느 정도의 블
러링(blurring)이 있긴 하지만 입력 이미지를 대체적으로 복사한다.

마지막(하단 우측) 슬라이스와 비교해보자. 이 가중치 셋은 단지 정반대로 중앙부에
서 매우 어두운(음의 가중치) 형태를 띤다. 해당 활성화 출력이 나타내는 패턴이 입
력 이미지에서의 음의 값임을 확인할 수 있다. 사랑스럽게도 말이다.

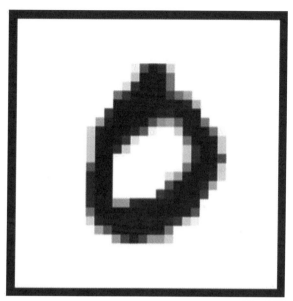

그림 5.2 MNIST 0

그림 5.3 초기 훈련 과정에서의 가중치

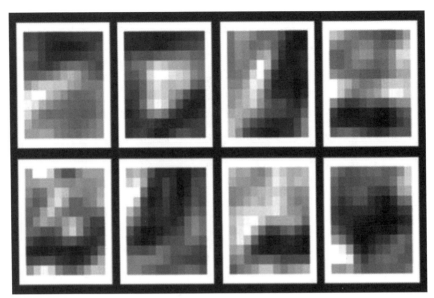

그림 5.4 훈련을 거쳐 수렴하는 MNIST 가중치 셋

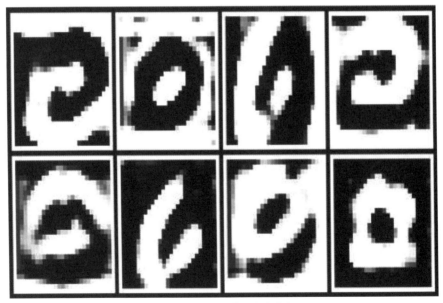

그림 5.5 MNIST 0의 활성화 슬라이스

CONVNET.LOG 파일

CONVNET 프로그램은 모든 오퍼레이션들에 관한 정보를 담고 있는 로그 파일을 생성한다. 이 파일을 이해하기 위해서, 다음과 같은 제어용 파일도 생성된다. 이 파일은 모든 이용 가능한 종류의 레이어를 사용한다.

```
MAKE IMAGE 12 12 1 6 1024
CONVOLUTIONAL LAYER  6 1 1 1 1 1 1
POOLED MAX LAYER 3 3 2 2
LOCAL LAYER  3 1 1 1 1 1 1
POOLED AVERAGE LAYER 3 3 2 2
FULLY CONNECTED LAYER 4
WPEN = 0.001
TRAIN
```

로그 파일은 이러한 내용을 출력하므로 여기서는 생략한다. 로그 파일에서 첫 번째로 중요한 절은 모델 아키텍처에 대해 다음과 같이 설명하는 부분이다.

```
Input has 12 rows, 12 columns, and 1 bands
Model architecture...
Model has 6 layers, including fully connected output
   Layer 1 is convolutional, with 6 slices, each 12 high and 12 wide
     Horz half-width=1, padding=1, stride=1
     Vert half-width=1, padding=1, stride=1
     864 neurons and 10 prior weights per slice gives 60 weights
   Layer 2 is 3 by 3 pooling max, with stride 2 by 2, 5 high, 5 wide,
and 6 deep
   Layer 3 is locally connected, with 3 slices, each 5 high and 5 wide
     Horz half-width=1, padding=1, stride=1
     Vert half-width=1, padding=1, stride=1
     75 neurons and 55 prior weights per neuron gives 4125 weights
   Layer 4 is 3 by 3 pooling average, with stride 2 by 2, 2 high, 2
wide, and 3 deep
   Layer 5 is fully connected, with 4 slices, each 1 high and 1 wide
     4 neurons and 13 prior weights per neuron gives 52 weights
   Layer 6 (output) is fully connected, with 6 slices (classes)
     6 neurons and 5 prior weights per neuron gives 30 weights
   4267 Total weights for the entire model
```

첫 번째 레이어 (합성곱)가 절반 너비와 동일한 크기의 패딩을 적용하고 있기 때문에 입력 레이어와 동일한 시각 영역의 크기를 갖는 걸 볼 수 있다. 필요하다면, 25 페이지의 식 (2.8)을 다시 검토해보길 바란다. 이 레이어는 12*12*6=864개의 뉴런들로 구성된다. 필터 크기는 $((2*1+1)^2)*1+1=10$ 다(*1을 한 이유는 이전 레이어의 깊이 때문이며, +1은 바이어스 항 때문이다). 시각 영역에 존재하는 모든 뉴런들은 동일한 가중치 셋을 공유하므로, 이 레이어에 대한 전체 가중치의 개수는 필터 크기(10)와 슬라이스의 수(6)를 곱한 값이다.

식 (2.8)로 두 번째 레이어의 크기를 구하면 (12-3+0)/2+1=5가 된다.

세 번째 레이어는 절반 너비와 동일한 크기의 패딩을 적용하고 스트라이드가 없으므로, 시각 영역의 크기는 이전 레이어의 경우와 동일하다. 필터 크기는 $((2*1+1)^2)*6+1=55$ 다. 필터마다 서로 다른 가중치 셋이 존재하며, 이 레이어에는 5*5*3=75 뉴런들이 존재하므로, 현재 레이어에는 총 4125 개의 가중치가 존재한다.

식 (2.8)로 네 번째 레이어의 크기를 구하면 (5-3+0)/2+1=2가 된다.

이전 레이어에 존재하는 2*2*3개의 뉴런들이 다섯 번째 레이어에 전달된다. 바이어스 항까지 포함하면 뉴런마다 총 13개의 가중치가 존재한다. 이 레이어에는 4개의 뉴런들이 존재하므로, 총 52개의 가중치가 존재한다. 완전히 연결된 레이어가 1*1 크기의 시각 영역와 뉴런들의 개수 만큼의 깊이로 구성된다는 점을 상기하자.

여섯 번째 레이어인 출력층은 정의에 따라 완전히 연결된 레이어에 해당한다. 이전 레이어에 존재하는 1*1*4개의 뉴런들이 이 레이어에 활성화를 전달하며. 바이어스 항까지 포함해서 뉴런마다 총 5개의 가중치를 갖는다. 이 레이어의 깊이는 6 이며, 이는 곧 클래스의 개수와 같고, 가중치의 개수는 곧 30개가 된다.

이렇게 해서 이 모델에는 총 4267개의 가중치 셋이 존재한다.

담금질 모사가 완료되고 정제 과정을 중단시키면 다음과 같은 정보가 나타난다.

```
Simulated annealing for starting weights is complete with mean
negative log likelihood =
0.29804
WARNING... User pressed ESCape during optimization
           Results are incomplete and may be seriously incorrect
Optimization is complete with negative log likelihood = 0.09214
```

마지막으로 출력되는 항목은 혼성confusion 행렬이다. 이 행렬의 행(3요소씩 묶어서)
은 참 클래스이며, 열은 예측 클래스다. 하나의 참 클래스에 대해 세 개의 항목으
로 묶어놓은 각 그룹마다, 첫 번째 항목은 케이스 개수, 두 번째 항목은 해당 행(참
클래스)의 퍼센트 값, 세 번째 항목은 전체 데이터 셋을 기준으로 계산한 퍼센트다.

```
    1   2   3   4   5   6
1  168   0   2   0   2   0
   97.67 0.00  1.16  0.00  1.16  0.00
   16.41 0.00  0.20  0.00  0.20  0.00
2   1  127   18  0   1   31
   0.56  71.35 10.11 0.00  0.56  17.42
   0.10  12.40 1.76  0.00  0.10  3.03
3   1   12  120   2   4   11
   0.67  8.00  80.00 1.33  2.67  7.33
   0.10  1.17  11.72 0.20  0.39  1.07
4   8   0   1   124   48  1
   4.40  0.00  0.55  68.13 26.37 0.55
   0.78  0.00  0.10  12.11 4.69  0.10
5   6   1   0   11  178   0
   3.06  0.51  0.00  5.61  90.82 0.00
   0.59  0.10  0.00  1.07  17.38 0.00
6   0   20  1   0   1   124
   0.00  13.70 0.68  0.00  0.68  84.93
   0.00  1.95  0.10  0.00  0.10  12.11
Total misclassification = 17.8711 percent
```

가중치 출력

사용자는 전체 모델의 가중치를 출력하는 옵션을 제어할 수 있다. 가중치의 전체 개수가 엄청나게 많아서 파일 크기가 매우 커질 수 있고, 이는 파일 쓰기 시간이 수 십분은 걸릴 수도 있다는 점에 주의하자. 이전 절에서 다뤘던 예제에서 계산된 가중치의 일부를 아래에 수록했다. 이 모델의 아키텍처와 아래 나열한 가중치를 종합적으로 생각해보길 바란다.

```
Layer 1 of 6 (Convolutional)  Slice 1 of 6
         3.642629  Input band 1 Neuron 1
        -0.676231  Input band 1 Neuron 2
        -0.085785  Input band 1 Neuron 3
         2.766258  Input band 1 Neuron 4
        -2.646048  Input band 1 Neuron 5
        -0.865142  Input band 1 Neuron 6
         1.900750  Input band 1 Neuron 7
        -2.298438  Input band 1 Neuron 8
         0.924283  Input band 1 Neuron 9
        ----------------------------------
        -3.971506  BIAS
... (Slices 2-5)
Layer 1 of 6 (Convolutional)  Slice 6 of 6
         3.011171  Input band 1 Neuron 1
         0.687377  Input band 1 Neuron 2
         1.019491  Input band 1 Neuron 3
        -0.832090  Input band 1 Neuron 4
         1.724954  Input band 1 Neuron 5
        -1.247742  Input band 1 Neuron 6
         0.444635  Input band 1 Neuron 7
         1.737460  Input band 1 Neuron 8
        -0.542140  Input band 1 Neuron 9
        ----------------------------------
        -2.507262  BIAS
Layer 2 of 6 (Mean pool) 5 rows by 5 cols by 6 slices
Layer 3 of 6 (Local)Slice 1 of 3 Row 1 of 5 Col 1 of 5
         0.016978  Prior layer slice 1 Neuron 1
        -0.027422  Prior layer slice 1 Neuron 2
        -0.052678  Prior layer slice 1 Neuron 3
         0.036557  Prior layer slice 1 Neuron 4
```

```
        -0.755227   Prior layer slice 1 Neuron 5
         0.211502   Prior layer slice 1 Neuron 6
         0.036439   Prior layer slice 1 Neuron 7
        -0.398360   Prior layer slice 1 Neuron 8
         0.737985   Prior layer slice 1 Neuron 9
        ------------------------------------
... Other rows and columns, then slice 2 and part of 3
Layer 3 of 6 (Local)Slice 3 of 3 Row 5 of 5 Col 5 of 5
        -1.035432   Prior layer slice 1 Neuron 1
        -0.357207   Prior layer slice 1 Neuron 2
        -0.021757   Prior layer slice 1 Neuron 3
        -0.033135   Prior layer slice 1 Neuron 4
        -0.107814   Prior layer slice 1 Neuron 5
        -0.000594   Prior layer slice 1 Neuron 6
        -0.051112   Prior layer slice 1 Neuron 7
         0.023901   Prior layer slice 1 Neuron 8
        -0.020555   Prior layer slice 1 Neuron 9
        ------------------------------------
... Slices 2 through 5
         0.679523   Prior layer slice 6 Neuron 1
        -1.053021   Prior layer slice 6 Neuron 2
         0.001994   Prior layer slice 6 Neuron 3
        -0.104741   Prior layer slice 6 Neuron 4
        -0.664431   Prior layer slice 6 Neuron 5
         0.034758   Prior layer slice 6 Neuron 6
         0.016724   Prior layer slice 6 Neuron 7
         0.014839   Prior layer slice 6 Neuron 8
         0.050983   Prior layer slice 6 Neuron 9
        ------------------------------------
        -1.963063   BIAS
Layer 4 of 6 (Avg pool) 2 rows by 2 cols by 3 slices
Layer 5 of 6 (Full)  Slice (this neuron) 1 of 4
         1.592443   Prior layer slice 1 Neuron 1
         1.161122   Prior layer slice 1 Neuron 2
        -0.162907   Prior layer slice 1 Neuron 3
         0.648188   Prior layer slice 1 Neuron 4
        -1.275991   Prior layer slice 2 Neuron 1
        -3.782788   Prior layer slice 2 Neuron 2
        -2.344005   Prior layer slice 2 Neuron 3
        -2.019643   Prior layer slice 2 Neuron 4
```

```
       -0.240221  Prior layer slice 3 Neuron 1
       -0.118739  Prior layer slice 3 Neuron 2
        0.739422  Prior layer slice 3 Neuron 3
        1.031370  Prior layer slice 3 Neuron 4
       -0.878146  BIAS
   ...
   Layer 5 of 6 (Full)  Slice (this neuron) 4 of 4
        0.560776  Prior layer slice 1 Neuron 1
       -0.467746  Prior layer slice 1 Neuron 2
       -1.281872  Prior layer slice 1 Neuron 3
       -0.444215  Prior layer slice 1 Neuron 4
        0.948946  Prior layer slice 2 Neuron 1
        1.805807  Prior layer slice 2 Neuron 2
        1.796881  Prior layer slice 2 Neuron 3
        1.776497  Prior layer slice 2 Neuron 4
        4.415077  Prior layer slice 3 Neuron 1
        2.461983  Prior layer slice 3 Neuron 2
        2.944033  Prior layer slice 3 Neuron 3
        3.762620  Prior layer slice 3 Neuron 4
       -1.695120  BIAS
   Layer 6 of 6 (Full)  Slice (this neuron) 1 of 6
        2.693996  Prior layer slice 1 Neuron 1
       -0.313751  Prior layer slice 2 Neuron 1
       -3.208661  Prior layer slice 3 Neuron 1
       -1.088728  Prior layer slice 4 Neuron 1
        0.714087  BIAS
   ...
   Layer 6 of 6 (Full)  Slice (this neuron) 6 of 6
       -1.245246  Prior layer slice 1 Neuron 1
       -4.326880  Prior layer slice 2 Neuron 1
        1.525335  Prior layer slice 3 Neuron 1
        1.519400  Prior layer slice 4 Neuron 1
       -1.512020  BIAS
```

CUDA.LOG 파일

CONVNET은 CUDA.LOG라는 로그 파일도 생성한다. 이 파일은 4개의 영역으로 나뉜다. 첫 번째 절은 컴퓨터에 내장된 CUDA 디바이스를 나타내고, 하드웨어적 성능을 나열한다. 두 번째 절은 아키텍처 정보와 사용자가 지정한 훈련 파라미터를 출력한다. 세 번째 절은 디바이스 메모리 할당 정보와 합성곱 그레디언트 시작 메모리에 관한 보충 정보를 담고 있다. 디바이스 메모리에 제한적인 경우, 파라미터를 복사하기 위해 메모리 사용을 최적화할 필요가 있으면 이러한 정보가 유용할 것이다.

마지막 절이 가장 중요하다. 여기에는 전체, 그리고 런치당 레이어별로 활성화(전향 전달 활성화와 델타 역전파, 그레디언트 연산 등) 연산 시간을 보여준다. 또한 CUDA와 관련된 기타 작업 내용들을 보여준다.

런치당 수행 시간이 이 테이블의 용도를 중요하게 만든다. 윈도우에서는 이러한 수행 시간이 제한적이다. 현재는 기본 제한 시간이 2초다. 레지스트리를 변경하면 이 시간을 변경할 수 있지만, 이런 부분은 다루지 않겠다. 핵심은 런치당 처리 시간으로 사용자가 파라미터들을 수정할 수 있게 해준다는 점이다. 그레디언트 연산은 런치별로 관련된 이슈들에 지배적인 요소이므로, Max CONV workper launch 파라미터 값을 줄일 수 있다. 활성화가 문제가 되는 경우도 있는데, 이런 경우 Max batch size 파라미터 값을 줄일 수 있다.

찾아보기

에이콘출판의 기틀을 마련하신 故 정완재 선생님 (1935-2004)

C++와 CUDA C로 구현하는 딥러닝 알고리즘 Vol.3
Deep Convolution Neural Nets의 이해와 구현

발 행 | 2017년 1월 2일

지은이 | 티모시 마스터즈
옮긴이 | 이 승 현

펴낸이 | 권 성 준
편집장 | 황 영 주
편 집 | 배 혜 진
디자인 | 박 주 란

에이콘출판주식회사
서울특별시 양천구 국회대로 287 (목동)
전화 02-2653-7600, 팩스 02-2653-0433
www.acornpub.co.kr / editor@acornpub.co.kr

한국어판 ⓒ 에이콘출판주식회사, 2017, Printed in Korea.
ISBN 978-89-6077-947-1
ISBN 978-89-6077-446-9 (세트)
http://www.acornpub.co.kr/book/dbn-cuda-vol3

이 도서의 국립중앙도서관 출판시도서목록(CIP)은 서지정보유통지원시스템 홈페이지(http://seoji.nl.go.kr)와
국가자료공동목록시스템(http://www.nl.go.kr/kolisnet)에서 이용하실 수 있습니다.(CIP제어번호: CIP2016031479)

책값은 뒤표지에 있습니다.